本の瓶詰

樋口伸子

Higuchi Nobuko

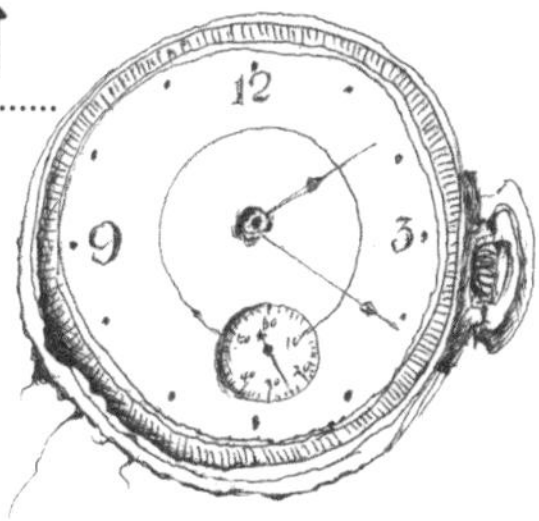

書肆侃侃房

本の瓶詰＊目次

Ⅰ　エッセイ　本と人と

Ⅱ　書評・国内編

Ⅲ　書評・海外編

コラム

装丁・写真・カット……………………毛利一枝

I

エッセイ

本と人と

音楽家《ミュージシャン》は魔術師《マジシャン》

私の耳は処女の耳。

思わせぶりな言い方だと笑われるかもしれないが、これは四十にしてようやく耳が開いた私の実感である。と言うのも、私は長い間耳の人間ではないと思い込んでいたからだ。本に限らず、子供の頃から活字愛好人種であった。映画、演劇、絵画というように、どちらかと言えば私は視覚型の傾向にある。

困ったことに、本を読みながら音楽を聴くことができない。初めて自分のステレオセットを揃えた時、音楽好きの先輩から数枚のレコードが宅急便で届けられた。「読書の伴奏などにどうぞ」と添え書きがついていた。私はよろこんで、その言葉通りに本とレコードを同時に楽しもうとした。けれども私の眼と耳とはうまくシンクロできずに、結局、読み続けたい本の方を選んでしまった。

思えば、その人はなにも本を読みながら聴けと言ったわけではなかったのだ。その先輩は自分が愛してやまない音楽の世界に、遅ればせながらも手さぐりでおずおずと近づこうとし始めた私の変化をよろこばしく思って、音楽への橋渡しをせずにおれなかったのではないか。「読書の伴奏に」という控え目な言葉と共に。

耳なしに近かった私は三十代後半になって、眼から耳へとわずかながらも受け入れの間口が広がっていった。同じ本を読んだ者達の間に同じ精神の科属として感動を分かちあうよろこびがあるように、同じ音楽に耳傾けあった者達には、もっと直接的な共有のよろこびがあるということを知って興奮さえした。これが、創り手と受け手との、そしてまた受け手同士の間に響きあう共鳴《レゾナンス》だ、と。

このような感慨は友人に誘われて、ベルリン国立歌劇場のオペラ公演を観て聴いて生まれた。自分が現在暮らしている福岡で、見知った人や見知らぬ人と共に熱い感動に巻き込まれたこともうれしかった。私には、自己流の安手な経験をいくら経てもこの時味わったほどの全感覚の共鳴を感じることはできなかったろうと思える。人と人との出会いに似た音楽の共振は身をもって体験することからしか生まれないようだ。

一度ふるえた耳は、それまでの私になかった反応でラジオやレコードからの音にも共振を始めた。もとより、鋭く優秀な耳ではないが、この耳は心につながっている。

この頃、よく考える。私はこうも長い間、なぜ耳の人間でないと決めつけていたのだろう、と。たしかに高校まで、教科としての音楽は不得手の科目であったが、音楽そのものを嫌いだと思ったことはなかったのに。また、時代の貧しさを別にすれば、特別に音楽が貧困な環境に育ったわけでもない。

記憶に残る最初の音楽は、四才の頃か。戦時中の一、二年間、宮崎県の山奥にいたことがあった。平家落人の言い伝えを残す山あいの日暮れは早く、山の精気に囲まれた夜の恐怖が家族を一つの場所に集める。まるで火鉢やいろりを囲むように、母と子供達は手回しの蓄音器を囲んで毎晩レコードを聴いた。私のお気に入りは『どん栗太郎の冒険』という歌物語で、他は覚えていない。

戦後になって、我が家は再び地方都市に戻り、団らんの中心はラジオや電蓄へと移っていった。テレビが居間の主座を占めるまでの間、チゴイネルワイゼンやクライスラーの曲などの甘くふるえるような音がよく流れていたのを覚えている。年齢の離れた姉や兄は、父親が与えたいくつかのポピュラーなクラシックを経てやがて自分達の音楽を選んでいった。私が中学に入った頃、家のプレイヤーはシャンソンに占領されていた。母は女学生風の残る唱歌や歌曲を台所で歌っていた。好みを邦楽の方に転じた父は小唄や常磐津の稽古に熱心だった。

いつの間にか、私だけ音楽に取り残されて、自分の音楽に出会うことなく成長した。このことは、私が母親っ子であったことと少しは関係あるかもしれない。父は耳の人であったが、母は根っからの眼の人であった。そして、私は父に無邪気に甘えられない妙な子供だった。父に甘えることが下手な娘だったのか、父が子供のことなどに無頓着であったのか。なにしろ、親類の者に抱かれていた自分の息子に気づかずに誉め言葉をかけたというくらいの人だから。

とにかく、私は父を嫌いでなかったのに、成長しても父にはどこか恥ずかしく気づまりだった。大学を出て東京に残っていた頃、父が癌で入院したという知らせに呼び戻された。私も交替で病室に泊ることになった。父は弱ってはいたが、あと数ヶ月の命とは信じられないノホホンとした顔で師匠の声の入った常磐津のテープを聴いていた。病室のテレビでモンローの『お熱いのがお好き』を観て「うん、これは喜劇だ」と言い、ジャン・マレーの『美女と野獣』を観て「うん、これは名画だ」と、しごく当たり前のことを言った。

私は二十四才にもなって、まだ父親への娘らしい甘えもいたわりも、うまく表わすことができないでいた。その時、不意に思い出す情景があった。小学一年の私が童謡を歌っていると、風呂上りの父が「おまえの歌は音が違う」と言って尺八を取ってきた。どこが違うのかよく解らないでいる私に、父はサービスと思ってかいくつかの童謡をメドレーで吹いてくれた。私は父が遊んでくれるうれしさよりも、子供心に情けない恥辱感でいっぱいだった。

横のベッドで父も眠れないでいるようだ。私はなぜか、いま甘えなかったら一生悔いを残すような気がした。しかし、何を話せばよいか思いつかなかった。自分の興味以外には無頓着でどこかとぼけた、この明治生まれの父に私が話しかけたことは、

「お父さん、ビートルズって知ってる?」「ああ、聞いたことあるような気がするなァ。西洋の魔術師《マジシャン》の名前だったかな。あれは偉大だ」そこで「嘘ばっかり」とか言ってビートルズの曲でも口ずさんでやればちょっと劇的だけど、そういうことはしなかった。また、「違うぞ」と言われてはかなわないと、私はどこかで思ったのかもしれない。しかしそれからの私は父のそばにいる気づまりがすっと取れたように思う。

父の死から数年して、私は若い友人からビートルズの素晴らしい世界に案内してもらった。あの時の父の答は正しかった。いま耳の幸せを知り始めた私にとって、音楽家《ミュージシャン》はまちがいなく魔術師《マジシャン》である。

「音楽通信」vol.1-No.3　1984.3

森崎和江さんのこと　いのちのうねり

森崎さんは生きることの日常身辺をいとおしみ大切になさる方である。自他のへだてなく。そうでなければ、誰が自分の来し方のつらい胸の内を他人になど開いてくれようか。「からゆきさん」が単なるルポでも聞き書きでもないのは、この詩人の熱い魂と共感の力にあると思う。

森崎さんがひょっこり我が職場に顔を出されたことがあった。部屋の片隅で語らい、おはぎを出すとうれしそうに食べてくださった。味気ない役所の一角がみるみる親和的な空気で満たされていった。その空気に感染した同僚がやって来て、コーヒーを入れるまでいてもらうように、と私に耳打ちをした。

そうして、一時間足らずの間に出されたお茶とおはぎとコーヒーを喜んで受けて帰られた。胃の方はご迷惑ではなかったろうか。図書館という不愛想な我が職場を初めて訪れて、このような接遇を受けられた人は他にめったにいない。後で同僚から尋ねられて森崎さんの名を告げると驚きが返ってきた。「まさか！　親類のお姉さんかと思っていた」。

実を言うと、私自身が初対面の時から親類のお姉さんとでも会っている気になってしまう。いけない、いけない、このへんが森崎さんのすごいところだぞと後で言い聞かせるのだが、次にお会いするとまたもや私の気持ちはゆるんでしまう。

ひとかどの女のもの書きはみるからに「ただ人」とは異なるのだという先入観が我がブンカ都市にはあって、何のイボイボもついていない人なつこそうな方が森崎和江と言われると、えっと驚いて困ってしまうのである。勝手な思いこみというものだ。決して平坦ではなかったこれまでの道と著作から強烈なひとつの像を描く人々の前に、森崎さんは「ただ人」の顔で遠慮がちに現れてこられる。どこかに女学生の真面目さと愛らしさを残して。

「さなぎのように踞っていた数年間を抜け出て、やっとこの頃蝶になったような気がします」。この春、小さな集りでそのようなことを話されたことがあった。さなぎの頃の彼女を知らない私にも、その言葉が素直に伝わるくらいに、最近の森崎さんは若々しい。

もちろん、独り机に向かわれる森崎さんは時には修羅やメドウサに似た姿になられるのかもしれない。詩集を読み返すと、全篇の底に渦まくいのちのうねりに圧倒される。そのいのちは森崎和江ただ一人のものでなく、朝鮮の人々、炭鉱の人々や女たち、たくさんの無名の人々から預けられたいのちのうねりである。私が知る森崎さんのお顔は、それらのうねりの波が鎮まった凪の海のやさしさであるのだろう。

好きな一冊に『海路残照』という御作がある。人魚の肉を口にして不老のいのちを得た女人伝説の名残りを追った海沿いの旅をもとに書かれたもので、詩のフィールド・ワークとも言える。みずみずしい森崎さんを思うと、この人こそ旅のどこかで、秘められた人魚のいのちを得られたのではないかと想像して、私はぞくぞくしてしまうのだ。

『詩と思想』1985.3　No.30

時間《とき》のなごみとなつかしさ　はゆか・まさのりの世界

　時間は常にひとすじの道を一方向に流れるものでなく、往きつ戻りつ漂い、その道すじも一本ではないと思える時がある。そのことが絵本や童話の中で自然に受けいれられるのは、子どもにとって時間や空間の意識が未分明であるからといえるだろう。

　はゆか・まさのり氏の最新作『おとうさんの豆だぬき』は、いやみのない仕かけで丁寧につくられた絵本である。「ぼくたちは　団地の公園で　おとうさんから　葉っぱのご本を　よんでもらうことにしました」。団地がいも畑だったころのいたずらたぬきの話から始まる。

　現代の民話といった趣きで描かれた葉っぱの頁をめくっていくうちに、話し手も聞き手もつい、うつらうつらとしてくる。と、木の影から一匹のとぼけた豆だぬきが顔を出して、「あっおとうさんの豆だぬきだ！」ここからは、子ども達も物語の登場人物。入れ子式の話に、かろやかな絵の展開が生きている。

　ファンタジーには通路の問題というのがあって、鏡、扉、穴などが別世界への出入口になることが多い。ここでも、子ども達は穴に落ちることによって豆だぬきに変身し、たぬきやおばあさんと交じわるのである。意外な結末も用意されているのだが、絵にも文にも無理がなく、見る者をなつかしいまどろみの中に誘っていく。

時間の枠から離れて。

作者は中国哲学専攻の大学教師であり、水墨画の絵本出版はこれで七冊目である。本業でなく絵本や童話を書く人に女性は多いが、四十代の父親というのは珍しいのではないか。その質量ともに、すでに〃おとうさんの余技〃と呼ぶ域を超えている。

また、氏の絵本を語る時に見逃せないのは、水墨やそれに似た絵具、和紙、唐紙といった独特の画材である。微妙な原画の味を損うまいとするには、出版や印刷所の人を相当に泣かせたことだろう。

七年前の第一作『あみになったことりたち』を手にした時、こんな上質で地味な絵本を誰が買うのだろう、という心配がまず浮かんだ。絵本が子どもだけのものではないと知っていてもである。

どの頁の絵も仄《ほの》かに青みのさす灰色の濃淡で描かれて、なめらかな絵肌の底から淡い色彩が、ふっと透けて見えるようであった。そこには、古い中国か朝鮮の磁器に見られる、軽くひとはけで描かれた絵に似たのどかな気品が感じられた。文も絵と同じく抑制がきいていてべたつかない。かわいいことり達と、その平和を乱すよそ者〃自由のとり〃との物語である。

うれしいことに、先に述べた私の心配は裏切られてしまった。ある友人は幼い息子にせがまれて、いく晩もこの本を読まされたということだった。ふだん活発なその子は、喜んで聞きながら絵の線を指でなぞり、きまった箇所では母親を制して覚えた台詞を自分で口にせねば気がすまないのだという。

「わたしは　とおい国からやってきた　自由のとりです」……

ああ、そうだ、と思った。私達が目で追う絵や言葉のリズムを、子どもは指や声で確かめずにはおれないのだ。それに、自由のとりはことり達に迷惑をかけはするが、気高いほど誇らかにすっくと描かれていたから、彼ならずとも、その姿に羨望の念が湧くのだった。

「生きることは迷惑をかけることだと気付いた時、既に四十二歳になっていた」。とあとがきに少し触れるのみで、作者は何がいいとか悪いとか一言も書いてはいない。

思えば、人は迷惑をかけるまい、かけられまいとして、知らぬうちにどこかで身をこわばらせて生きている。そのようなこだわりから解き放され、はればれと心なごむ世界がこの本からは拡がっていた。

好評の第二作『おとうさんの帽子』は、淡い夕焼色のなつかしさがにじむ作品である。蔵の中で見つけた父親の子ども時代の帽子をかぶってみた少年が、父親のむかしの時間を体験する話である。ひっそりとした不思議な時間が夢の霧のように流れ出していく。

描かれているのは、まぎれもなく父親の時代の空気であるが、この本も親だけでなく子どもの愛読者をあちこちに得たのだった。作者の郷愁である、私的な時間や場所を入口として書かれたものが、体験のない子ども達にも感受されるなごみに、私は感動を覚えた。

『おとうさんのひこうき』でもそうだが、絵本の少年が父親の時間を生き、少年自身の時間を感じるように、作者のうちにもまた、その父親や子どもの時間が流れているのである。誰しも子どもをすっきり卒業して大人になっているのでなく、もともと子どもの世界と大人の世界は地続きなのだ。

その肩書きや作品から作者を思う時、東洋的思索を経た穏やかな仙人然とした人物と、やんちゃなおとうさんの顔とが交互に現れてくる。

そして私は、英国の詩人、ワーズワースの詩の一行を思い浮かべる。「子どもこそは大人の父」

☆　☆

はゆか・まさのり（羽床正範）氏は、一九三九年京城生まれ。現在、北九州大学助教授。中国哲学史専攻。『あみになったことりたち』『おとうさんの帽子』『おとうさんの豆だぬき』（以上石風社）。

毎日・西部 1989.2.2

物語を読む歓び　甲斐大策の世界

暑い夏に熱い本を読み、知らずに負った火傷の跡が秋風の頃になってひりひりとする。

画家として知られる甲斐大策氏が、シルクロードをめぐる本を出した。『生命の風物語』と『シャリマール』（いずれも石風社刊）という愛の物語集。いずれにも、本来〈物語〉が持つべき活力《マナ》が溢れている。生命だけでなく、死にさえも。

舞台はアフガニスタンを中心とするイスラム圏。根強く残る内外の紛争に加えて、その風土は苛酷なまでに熱く乾き、人々の営みは私達の日常から大きく隔たっている。

「ドゥシュマンダール」という一篇は、パシュトゥン部族社会の掟の一つである報復を背景にする。ある夏の宿場町で妻をからかわれた夫が手斧を二人の男に叩き込んだ。

白い埃に覆われた並木の街道筋、驟雨前のよどんだ空気と不穏な空模様の変化、苛立った心理が招いた一瞬の惨劇まで、駒落としの画面を見るようだ。血しぶきのあと、「泥色の街は完全に雨足の中に煙ってしまった」。簡潔で引き締まった文体に魅了される。

この事件は、以後三十年の間に双方から十八人ずつの死者を出して決着したかに見えたが、さらに二十年経ち、別の事件を機に報復が蒸し返され、五人の若者達の仇討ちの物語が始まる。

非情な事件にもかかわらず、清涼感が流れるのは著者の繊細な眼差が背後の民族性や風土、義や掟に拠る心の揺らぎにまでいき渡っているからだろう。とまれ、このようなドゥシュマンダール（仇持ち）の話が一九七〇年代末のことと聞けば血が逆流する。

さて、風は坩堝の中に渦巻くだけでなく、地を掃き、谷から谷へたゆたい流れる。「パシャイ」は寄るべなき心に添う風のような話である。厳しいヒンドゥクシ山脈の谷々にパシャイと呼ばれる男達がいる。蚊のようなという意味で、「妻も子もなく、盗まず乞わず、五、六人の群れとなってパシャイ達は谷から街道、間道から尾根筋へと漂って歩く」。

山岳事故で自分の名前さえ忘れたジャミールは、叔父に誘われ初めて下界に降りた。十日目、叔父は少年にたっぷり食わせ、必要最小の物を身につけてやると、カーブル河の対岸を見ながら怒鳴るようにいって去った。「お前はパシャイになったのだ。パシャイ達に会ったら従いて行くんだ。神のお恵みを！」

少年は雪を被った山に向かって歩いた。子供達にはやされ犬に吠えられ、怯えながらもパシャイと呼ばれると心が安らぎ、自分でもそうだと信じた。四日目の夜明け、五人の男達が太陽とともにゆっくり丘の上に現われ、横に並んでしゃがんだ。近くに寄ると皆がジャミールに微笑んだ。男達は金髪と肩衣をなびかせ滑るように丘を下り始め、少年も後に従った。悲哀を超越して輝く光景である。

この短編に限らず、境遇の転変や厳しい出自のせいで小さな社会からずり落ちていく人々が出てくる。それを悲惨と言い不幸と見るのは私達の脆弱な精神であり、彼らはむしろ自ら下降することで、解き放たれた魂の安堵を得ようとしている感がある。私の好きな「髭婆」、寒山拾得の「拾得」を彷彿とさせる「大地を掃く男」など揺れ止まぬ陽炎のような余韻を残している。

運命や死に対する彼らの恬淡《てんたん》さともみえるものを、諦観という私達の感覚に置き換えることはできない。愛や悲しみ、幸も不幸も私達の湿り気を帯びた感度で測るのは危険だ。一切が脱水され天火に乾され砂よりも細かな粒子となり、漂彷と風に舞い去っていく。

そのほか、騎馬民族らしい勇猛果敢な男達やはかない女達を描いたこの巻を〈熱風・千一夜物語〉と呼ぶなら『シャリマール』は、白銀の月光にふさわしい愛の物語集である。

戦火の街での清清しい少年「ナフディ・ジャンの恋」を別にすれば、いずれも禁欲と官能と聖性の境で神秘的に冴え渡る。

癩《らい》に怯えながらの超俗の愛を描いた「花園」の終章は息を呑むほどに美しい。一度も肌を重ねることなく成就する逃避行の果て水中に崩れ落ちる女を、すでに同じ病に侵された男は救うこともできない。水辺に漂う花々と仰向けに浮かぶ女はまさに数々の〈水底の女〉の一人であり、ラファエル前派の絵画〈オフェーリア〉に勝るイメージを与える。

無駄のない文で風景がくっきりと浮かぶのは、画家である著者の眼の確かさによるものか。そうして、富貴であれ貧者であれ、漂う品格はかの地の民に寄せる思いの深さに負う。氏は二十年来シルクロード各地を歴訪して滞在、回教徒でもある。読み返したくなるのは、この二巻が単なる異国趣味に彩られた現代の奇譚集ではないからだ。アフガンの聖戦士《ムジャヒディン》にも似た氏の風格の奥にあるものを想う時、その精神の膂力《りょりょく》に感嘆せざるをえない。

本を閉じ一夜明ければ、私達の世界は底の浅い豊かさの中で卑小な優劣の差と意地や見栄、薄っぺらな自尊と気落ちに満ちている。目覚めて戻る場所がそこだとは、よく解っている。だからこそ、幾夜もこの本に手がのびる。これを、物語を読む歓びといわずに何といえようか。

毎日・西部 1989.9.28

4F時代の女探偵たち

P・D・ジェイムスの『女には向かない職業』で、うら若きコーデリアが恐る恐る探偵業を引き継いでから二十年、ここ数年の推理小説界は女探偵たちの花ざかりである。

もちろん、これまでにも活躍した女探偵は多いが、アガサ・クリスティのミス・マープルは〈揺り椅子に座った〉優雅なお婆ちゃま探偵であった。他の作家が生んだ行動派もいるにはいるが、男探偵たちの活躍ぶりに比べればいまひとつ物足りないものがあった。

80年代から登場

ところが、一九八〇年代に登場した女探偵たちは、男に媚びず頼らず業績とファンを増やしてきた。男を敵視するのではなく、ハード・ボイルドの歯切れのよさはいただいて、言わば女による女のための探偵像が時代要素を取り込みながら成長してきた。九十年代の今や〈4F時代〉を迎えて彼女たちは絶好調である。4Fとは、主人公の探偵、読者、作家、翻訳者の四者が女性（Female）ということだ。こうした人気を背景に、昨秋は二十一人の女性作家がそれぞれ女探偵を主人公にしたアンソロジー『ウーマンズ・アイ』(サラ・パレツキー編、早川書房)が出された。

このブームを支えるものは従来の推理小説とは異なる読まれ方だろう。読者は謎解きや犯人捜しを楽しむ以上に、成熟した女主人公たちのライフ・スタイルや価値観を共に考えながら、自分なりのモデル像を思い描いている。そのためには作品が小説としての高水準をクリアし、現実的な人間関係や社会の描写と洞察に優れていることも見落とせない。

〈4F時代〉の嚆矢《こうし》となったのは、サラ・パレツキーが生んだシカゴの女探偵、V・I・ウォーショースキーで、通称VIC《ヴィク》。弁護士を経て金融犯罪がらみの企業調査を専門としており、八二年の『サマー・タイム・ブルース』で初登場、聡明さと空手の達人という活動力に加えて抜群のスタイルと美貌でシリーズ(早川書房から七冊出版)を重ねる毎に人気をさらってきた。洒落た会話を楽しめるシングル(三十二歳で登場)で離婚歴があり、美貌以外は努力して獲得したものだ。両親はすでになく、彼女の優しさはイタリア人の母から、粘り強い正義心はポーランド人で警官だった父から継いだものだろう。ヴィクの一番頼もしい友人はオーストリア人の女医で、彼女の女性版〈赤ひげ〉的魅力も物語に厚みを与えている。

肩肘はらず本音で

さて、ヴィクと人気を二分する、もう一人の女探偵を挙げなければ不公平というもの。これまた女性作家スー・グラフトンが生み出した探偵、キンジー・ミルホーンである。『アリバイのA』(八二年、このシリーズも早川書房刊)で登場した時が同じく三十二歳の独身、二度の離婚歴をもつ元警官で、西海岸に事務所を開いている。

彼女の外見はヴィクほど華やかではないが、危険を辞さないタフさとしなやかな女性の魅力を備えている。そのシンプル・ライフぶりはさらに徹底しており、普段はGパンでドレスらしきものは冠婚葬祭兼用の黒い一着のみ、以前はトレーラーを住居にしていた。自然体でつき合うにつれて味が増すタイプだ。

両親が事故死してからは独身の伯母に育てられ、伯母は栄養不足にならない程度の料理と銃の扱い方を少女に教えた。キンジーの独立心と簡素な生活には彼女の影響が大きい。

脚本家だった作者は人物設定が巧みで、ワイン好きの女探偵に恋をさせることも忘れず、Aで始まったシリーズはHまで既刊。Zまで続けると快調である。

男がすることを女がしても不思議ではない時代だが、ウーマン・リブ旋風が去った後の緩やかなフェミニズムを経て男女共生の流れに添い、二人のヒロインは肩肘張らずに本音で生きているように見える。恐らくそこが現代の女性たちに愛読されている一番の理由ではないだろうか。ハード・ボイルドになってしまわず、〈ハーフ・ボイルド〉であるところがみそというわけである。

今日的ヒロイン像

しかし、私立探偵なんて日本では所詮お話の世界で一匹狼の半熟女だから思い切り活動できるのではないか、という声が聞こえそうだ。まあ、彼女たちだっていつまでもタフではいられまいし、読者も歳をとる。ここで探偵ではないが、組織の管理職でありながら果敢な犯罪捜査に携わる女性が出てきた。

その名はケイ・スカーペッタ。ヴァージニア州の検屍局長として『検屍官』（講談社から三冊発行）でデビュー以来、法医学を武器に事件と取り組んでいる。またもや美人で離婚歴ありときても驚かないが、作者のパトリシア・コーンウェルの力量はすごい。第一作から三作まで米・日の連続ベストセラーとなり、ケイはあっという間にヴィクやキンジーを追い越してしまった。

酒や煙草も恋の味も知るケイだが、四十歳代ともなれば活劇場面に期待はできない。そのかわり、専門職の科学知識と地位のおかげで捜査法と活動の領域はぐんと広がり、読者を裏付けのある事実で満足させる。第三作の『遺留品』ではDNA鑑定の是非が重要な鍵となり、警察記者を経て検屍局勤務という作者の経歴の強みが他の追随を許さない。

しかし、局長といえど公務員の身、羽目を外せば他の上級官庁からの干渉やマスコミの攻勢と、彼女が闘うべき敵は犯人だけではない。女性管理職ゆえの苦労と悩みも加わり、きわめて今日的なヒロイン像だといえる。

鍛えられた眼や知識

こうしてみると、三人の女性たちは各々の作者の形を変えた分身だという気がする。二人が離婚経験者というだけでなく、推理小説を書く前の三人はみな別の専門的な仕事に携わっている。そこで鍛えられた精神と社会訓練を受けた眼や知識が、単なる推理小説の枠を超えて女性に限らぬ読者層を得た。

バレツキーは『ウーマンズ・アイ』の序文で「（女性は作家に不向きという）非難を恐れることなく自立した女性を世の中に送り出すことのできる自由が与えられ」るまでの女性たちの永年の命がけの格闘、東西の先駆者たちに敬意を表しながら、〈女が書く〉ことへの思いを真摯に述べている。編中の作品が共通して持っているもの、「それは、女性を見る方法はひとつにとどまらないというメッセージである。また、女性が自分自身を見る方法もひとつにとどまらない」と。

この言を借りるなら、それこそ、推理小説の読み方もひとつにとどまらないのである。

西日本 1993.1.20

神話化された文学者の実像 『中勘助の恋』を読む

うさんくささに挑む

いくつかの意外性で意表をつく評伝である。先ず、富岡多恵子がなぜいまさら中勘助をという思いが先立ち、両者の取り合わせも『中勘助の恋』(創元社)という標題も意外なものに映った。

しかし、意外というのはとりもなおさず、こちらの知識と思いの浅さのせいである。著者は鋭い嗅覚でこれまで評論の狩り場にならなかった領域に分け入り、熟練の猟師の手つきで狙いをあやまたない。

中勘助は一般に『銀の匙』一冊で語られてきた詩人であったといってよい。多くの人が若い時に一度は読んでいつか忘れていた一冊。淡い郷愁の紗幕で俗世間とは隔てられた処で信奉者たちに語られ、それ以上に言及されることのなかった人。その世界は〈珠玉の一冊〉という言葉で守られた静かな聖域だった。

だが、語られなかった暗がりに漠としたうさんくささを臭ぎつけた著者はいきなり『銀の匙』に入らずに「恋」という鍵で「日記体随筆」の扉を開けていく。手始めに読み解くのは、親友の妻、江木万世とその娘妙子に寄せる勘助の隠された恋情である。

知り合いの幼女を可愛がるというのはよくある微笑ましい光景であるが、例証の通り「妙子熱愛が臆面もなく書かれた場面」や、甘ったるい幼児語で書かれた恋文から受ける印象は、三十一歳の男が八歳の幼女に注ぐ愛情にしてはどこか常軌を逸して映る。

妙子以外にも彼が溺愛した幼女との交流や手紙が引かれる時、著者ならずとも「アリス」のモデルたちに抱いた作者ルイス・キャロルの幼児愛を重ねてみたくなる。二人の大きな違いは、キャロルのラヴレターが彼の死後公開されたのに対して、勘助は自分で意図して日記体の作品に収めたことだろう。

後ろめたさを隠蔽

著者は成熟した男女の恋を避ける勘助の幼児愛がこれまで不問に付されたのは、この日記体という形式のせいだと看破する。それはまた、妙子の母をはじめとして彼の身辺に立ち現れては消えていった人妻たちとの恋ならぬ恋に関しても同様だという。

勘助は稀に見る美丈夫であった。東京帝国大学を出て求道者然とした独身男に、美しく教養高い人妻たちが思慕を寄せても不思議はない。ところが、彼女たちに寄り添うごとく見えて、彼はあくまでも「心の支柱」であり続けることでその求愛をかわしていく。彼が説くのは、「仏陀の慈悲」をもって「相愛の関係」を愛欲で汚さぬことである。

そこに偽善を見る著者は、勘助こそ屈折した求愛の心を隠しており、日記体には都合のいい作意がある、と見た。幼児愛や性愛忌避の後ろめたさを隠蔽するのに、予めの自己弁明を巧妙にちりばめたことが論証される。

たしかに、発表を意識したものであっても、読者は日記や手紙の中にこそ書き手の偽らぬ真実があると思いやすい。さらに、私小説体では書きにくいことも日記体では自己検閲の網からのがれることができる。ここに「日記体随筆」に固執した勘助の秘密があり、基底にあるのは『銀の匙』から続く自己擁護のナルシシズムだと読み解かれていく。

中勘助は長寿で作品も多かったわりには、その実像がほとんど知られていなかった。家庭的紛糾のせいとはいえ五十七歳まで独身であったこと、敬慕する嫂《あによめ》を「姉」と書いたこと、清浄の衣をまとった女性関係とは対極にあるような愛欲図の仏教小説を書いた真意など、実に謎に満ちた作家である。

大胆で細心の手法

これらの謎が一つずつ解明され、神話化された文学者の実像があぶり出される過程にはスリルさえ覚える。手法は大胆にして細心、憶測を排した論証の資料は作品の徹底した読み直しである。そこには『男流文学論』などで見せたエンターテイナーとしての語り口はなく、単なるフェミニズム路線で括られぬ文学論を意図した気概が受け取れる。それは「日記体随筆」という盲点をついて成功した。

刺激的で優れた評伝というものは対象人物への評価や傾倒からだけ生まれるものではない。著者がこれを書いた動機は勘助と作品に流れるナルシシズムへのいらだちである。また、彼女自身が詩人から出発した実作者だからこそ、勘助と愛読信奉者とのナルシシズムの交感図に一層敏感だったと思われる。

腑分けをされる死者無惨。醒めた眼差しのもとで一枚一枚秘密の薄皮が剝がされていく様を前にして、中勘助の熱い読者たちはいたたまれぬ思いがすることだろう。

西日本 1994.3.8

『マウス』の文学的波紋　コミックの限界を超える

名作リストに入る

青春入門編ともいうべき『アンネの日記』から、近くには賛否両論の話題を集めた『シンドラーのリスト』まで、ナチスのユダヤ人迫害を題材にした文芸作品や映画は数知れないが、それらの名作リストにわたし達はアート・スピーゲルマンの『マウス』(晶文社)を大文字で書き入れることになるだろう。

「アウシュビッツを生きのびた父親の物語」という副題をもつ本書は、静かな感動と共感を呼びつつ世界十七カ国で翻訳され、一九九二年度のピュリッツアー特別賞を受けた。ニューヨーク・タイムズをはじめとする賛辞を切り貼りするとこういう風になろうか。「文学の分野の規則をうち破り、コミックスの限界を超えた長編小説であり、ドキュメンタリーであり、カフカに匹敵する影響を読者に与える傑作。…まさに文学的事件である」。

なぜ文学的事件かといえば、これがコミック・ブックだからである。「マンガが映画や文学にまったくひけをとらない」という賞賛は、いまだにプラトン時代の文学ヒエラルキーの呪縛がどこかに残っている証左だろう。映画よりも原作、ノンフィクションよりフィクションというジャンルの階級付けがすでに無効であるのは自明のことなのに。

動物に置き換えて

著者はニューヨーク在住のマンガ家。両親がポーランドで受けたユダヤ人狩りの体験を父親の回想から引き出すという形で、過去と現在を同時に進行させながら描いた。『マウス』が文学的事件と評価される大きな理由は、コミックでしかできない仕掛けをとって人間の本質に迫る内容を表現したからである。

例えば、登場人物はすべて動物のキャラクターに置き換えてある。ユダヤ人は鼠、ポーランド人は豚、ナチス・ドイツ人は猫という描き分けにより、作者は意図して「悪しき写実主義におちいる」のを避けた。『マウス』で人種の区別は重要な鍵であるから、これは読者である側にも都合のよいことである。

もちろん、メタファーとして動物を使うのは彼が初めてではない。ナチズムの暗い時代を書いたG・グラスのタイトルには『猫と鼠』があり、もっとポピュラーなものでわたし達はディズニーの世界を知っている。しかし、スピーゲルマンが描いた鼠は大量虐殺を生きのびた人間としての個性をみごとに血肉化している。

悲惨な恐怖と愛情と

もともと病原菌の運び屋、食料の荒らし屋である鼠は抹殺されても当然という宿命を負っている。わたしの子供時代にはまだ多くの家に鼠取り籠があったことを思い出す。狩り出され、ゲットーに追われ、アウシュビッツに閉じ込められるユダヤ人は、逃げまどった末に罠にはまる鼠と変わらない。

一見荒削りの木版画を思わせる描線は、悲惨な恐怖と同時に、家族と同胞に寄せる愛情を表すのによく似合っている。実際に読み進んでいると、この父親は現実的でありながらどこかコミカルな鼠以外に置き換えられないという気になってくるのだ。

　主人公が知識人でなく、少し楽天的で小心な一生活者であったということはとても大事なことである。だから、ナチスに抵抗して自由を勝ち取るなどといった立派なメッセージはどこにも出てこない。著者である息子は父親を美化したり、英雄視するどころか冷ややかな眼で見ている。

ジャンル超えた事件

　忌まわしい地獄の〈マウシュビッツ〉からミッキー・マウスの国アメリカに辿りつくまでの長い道程を彼はどのようにして生きのびたのか。初めは妻の一族がもつ人脈と財力のせいで。その後は鼠のように用心深い生活者の知恵と器用さ、本能的な方向選択のおかげである。とりわけ、節約して残したパンの皮でさえ、より価値あるものと交換していく経済感覚は消費の国アメリカに落ち着いても発揮されて、息子夫婦をうんざりさせる。この、せこいまでの倹約精神は痛ましくも滑稽であるが笑うことはできない。そこにこそ彼の幸と不幸があるからだ。せっかく共に生きぬいたのに、最愛の妻はポーランド時代からの日記を残して六八年に自殺をする。思い出に耐えられず彼女の日記を捨て去った父親は、息子の激しい怒りと軽蔑をかうのだが、アメリカでの親子三人のドラマをもっと描いて欲しかったと惜しまれる。

　五年前に第一巻を読んで、文字だけが文学の本質を伝えるものではないと改めて思った。また、ノンフィクションとは単なる事実の採録ではないと。待望の第二巻を手にした今もそう思う。ちなみに本書がベストセラーのリストでフィクション部門に入れられた時、筆者の抗議にあってノンフィクション部門に移されたという。多くの純文学信奉者にとって、やはり『マウス』はジャンルを超えた〈文学的事件〉というべきなのだろう。

西日本 1994.9.13

もう一つの闘争　堤玲子の世界

1　生い立ちの恥を暴く

突然、地底のマグマが噴出するような第一作で、よくも悪くも人々の関心を集め、いつのまにか姿を消し、秘かな読者以外からは忘れられたような作家がいる。堤玲子という人もその一人である。時期は昭和四十年代初めから終盤まで。ちょうど平成に移る頃から出版が見られない。気になる作家である。

俗に、啖呵を切るというように、啖呵はことばの匕首《あいくち》である。短く一瞬にして切らねば意味がない。崖っぷちに立つ人の、捨て身の度胸が放つ匕首は相手だけでなく自分の血をも流す。単なる癇癪者の喧嘩と異なり、啖呵は頭と回転と感度がよい人にしか切れない。そして何よりも自尊心が生命である。

異色の文学獲得

こういういい方が許されるなら、堤玲子の文学は着物をつけた啖呵である。その着物は、時に寒空の下の単衣であり、着古した合わせであり、また目も綾なことばで飾られた幻の花嫁衣装である。そうして、襤褸《らんる》とも戦旗ともなる袖の裂け目や襦袢《じゅばん》の裾から、激しくたぎる生身の血と涙がこぼれ落ちる。
「私は神である。スラムと悪遺伝の中、七人の兄弟姉妹、年頃になって、見合いの話一つなく、馬鹿にされつづけた堤家にとって、栄光をあびた私は、まぎれもなく神である。復讐の刃《やいば》の柄《つか》をも通れと宿命の首級をあげた私を肩に、淫売や、博打うちや、そしてまた、公金拐帯の情婦や、放火、尊属殺人、びっこの少女が、今や、海を渡って太陽の街にでてゆくのである」(『わが闘争』の扉辞)
これは啖呵ではないが、作家として立った堤玲子が以後書き続けていく内容と決意とを凜として言い尽している。彼女はわが身と一族の生い立ちの恥を引き替えにして、魅力ある異色の文学を獲得する。

毒の旗を立てる

この自伝的要素の色濃い小説は一九六七年に出版され、話題を呼んだ。東京オリンピックから三年後、全共闘運動が拡大し、街にはヒッピー、アングラ族が出現した時期で、この年、川端康成がノーベル文学賞を受ける。

いわば、日本は高度成長期の階段に足をかけ、経済、文化ともに上昇する世界に目を向けていた。そこに、堤は一族の毒の旗を、皆がやっと忘れようとしている貧困と差別の土中からすっくと押し立てたのである。

その時の読書界の評判は大きく、記憶に残っていたのに、ずっと後になるまで読んだことがなかった。社会の縁側で怠惰を貪《むさぼ》っていた、二十代半ばのわたしは、『わが闘争』(三一書房)をヒトラーの題名と重ねて、自分とは縁のない社会運動の本と思い込んでいたのだ。

後年はじめて読んだ時、鮮烈な衝撃を受けたのだが、それも雑多な読書遍歴の中に紛れていたことを思えば、チェーン振り回す不良少女の迫力と、続出する猥雑と罵詈《ばり》の縁取りにただ圧倒されていたにすぎなかったのだろう。なんと皮相な読み方をしていたことか。

それからさらに二十年も経て、この本に再会するきっかけとなったのは、二年前友人から勧められた『ほととぎすを待ちながら』(田辺聖子著・中央公論社)であった。田辺氏は同書中、「いけない小説のたのしい美味―美の乱酔」と題する章で堤の作品の比類なき魅力をあますところなく紹介している。

嘲笑への先回り

『わが闘争』の素材は、いってみれば著者の血縁の貧困と不幸の総鑑である。それが日本的湿度の高い私小説からも、涙と同情を呼ぶだけの手記からも隔たっているのは、開き直りにも似た著者の客観性と独特の語り口のせいだろう。また、ことばによる差別というのが他者の傷に触れることであるなら、堤は他人から触れられる前にわが身と一族の悲惨な恥を暴きたてる。嘲笑への先回りこそ攻撃的な守備法ではなかろうか。

父親の岩雄は、無口で激しやすい男。母親の久野は「銭をくれと言ったら、マフィアに縄張り寄こせと言われた、顔をする」くらいに情け容赦ない守銭奴。それに、非行予備軍をまじえた七人の子供と、「七度嫁に行って七度帰ってきた」、美人だが「薄幸の十二単衣を着た」叔母の秋野が家族である。

孤独、ニヒルな眼

堤家の内ゲバ騒動は、困窮ゆえに大抵食べ物か、わずかな金銭のことに端を発する。心根やさしく知能障害をもつ秋野に、久野がご飯のおかわりを渋るのを見て、岩雄の怒りは爆発し久野を蹴とばし、なぐり続ける。

「親父は怒号しつづけ、お袋は強泣しつづけ、子供たちは黙って、展開する総天然色、オールトーキーの地獄絵巻、動くパノラマを見ていた。親父はおひつを秋野の頭にかぶせた。（略）虚無憎になった秋野は、ゆっくりと、おひつを頭から取った。『異邦人』のムルソーのような孤独でニヒルな眼をして、でんぎりにご飯の固まりがとぐろを巻き、髪の毛から飯つぶがぶら下がったまま、秋野はさぶさぶと喰いつづけた」

家の修羅場を見る子供の眼こそニヒルであり、そのまま乾いた筆致につながっている。それは、悲劇と喜劇の様相を同時に写し、安手の同情など寄せつけはしない。

西日本 1994.12.8

2 血縁の戦野

自伝風の小説を読む時に問題となるのは、作中の〈私〉と著者とのずれであるが、堤玲子の作品では、〈私〉に著者自身の濃密な投影を重ねてかまわないだろう。だが、自伝がひとつの文学世界となるには、ただ赤裸々な告白や特異な素材の写実では足りない。

堤玲子は、ミゼラブルな題材を涙のリリシズムにも暗い内向一途の怨嗟《えんさ》にもすり替えることなく、毒もつ道化のサービス精神と歯切れよく引き締まった文体で、独自の〈文学の戦野〉を駆けていく。その文学への扉は、ひとりでこじ開けねばならなかった。

終戦後まもなく、岡山駅にたむろしていた非行少女は文学に目覚めるが、働かざる者食うべからずと親が唱えるお題目通り、極貧の環境では文学より働くことが先決の課題である。そこで〈私〉は働かなくてすむように顔を焼くことを思いつく。

「堤玲子、十六歳、野火のもえさかる、果てもない文学の野を、顔だけぼうぼう火を吹いて素裸で走りまくって見せようと」「神々よ。御照覧あれ。堤玲子の心意気！」油たぎるフライパンの柄を握ろうとした瞬間、盗み食いと勘違いした母親の罵声と鉄拳とが繰りだす。「違う。文学やろうと思って！」「何が文学だ。文学より尻をかけてんだ」。

弱者に寄せる眼

堤は『わが闘争』を〈血の戦旗〉という。彼女の戦場は文学より前に、まず家族であり、さらには一家に冷たい故郷・世間であった。以後、世間には「血のしたたる長ドスつきつけて」、家族には「憎悪のスキンシップ」でもって、その葛藤相克を書きに書いた。

文学が何であるかを問う以前に、堤には、しゃにむにも書く理由、書かずにはおれない欲求が五体に充電していたのである。ちゃちなセンチメンタリズムと真のロマンチシズムとの区別さえなしに、気ままな読書にふけっていた、わが幼稚な文学入門を振り返ると、まさにザブリと氷水をぶっかけられる思いがする。いや、それは昔のことではない。真に書かずにはおれないことを書いているのか、と冷たい刃が今も嘲笑いつつ問うている。

さて、先に書くべきであったが、堤玲子が裸身の弱者に寄せる眼と筆致はかぎりなくやさしく、哀切な詩情さえ漂う。その対象は、幼い頃から玲子を誰よりも可愛がってくれた、叔母の秋野であり、菜の花畑や麦畑が残る牧歌的風景の中でくんずほぐれつしたスラム長屋の幼い子分たちであり、わずかな愛情と金銭とを肌に温めて堕ちるしかなかった戦後の街の女たちである。

美しく狂おしく

とりわけ、精神を病む美しい秋野は、無垢と淫猥のまじった微笑を浮かべて幾度も現れ、あやしげな子守唄を歌ったり、きれいな着物をまくって勝手な日本製カンカンを踊る。「花芯が陰部のこの真赤な薔薇は、私の頭の上で、ぱあっと咲き狂い、二本の白い足ではねつづけ、とびつづけ、急に折りたたまれたり、閉じたりした。…秋野のカンカンは妖しく美しく狂おしかった」

空腹の秋野は、畑の野菜を盗み食いしたのがもとで、下痢をして衰弱する。看取る者なく一人で死にかけている部屋に、〈私〉と弟が放った赤とんぼのさわさわと乱れ飛ぶのを秋野は見るや見らずや。

死んだ妹のために草履をつくりながら、さしもの鬼の親父も涙を落とす。「岩雄〇・八秒間神となる」とすかさず書いてしまうのが、堤の身についたサービス精神であろう。

「秋野の葬列は、夕陽の馬頭観音の道を右にまがって行く。笑われ続けた故郷の道を。七へんも花嫁衣装を着て歩いた、秋にはききょうの咲く道を。…葬式饅頭もでないので、野良犬も馬鹿にしてついて来ない」。棺について走った〈私〉は、松の木にのぼり、秋野が好きだった唄を声かぎりに歌い続ける。

「ベーツなし」

結婚、葬式、出産といった際には大ていの家で一騒動がつきものだが、ことに堤一家では悲喜劇が疾風のごとく逆巻くのである。悪親分気取りの長男夫婦に赤ん坊が生まれるとて、障害の悪遺伝をもつ家族たちは心配で青ざめる。ついに、さいころで使者役に決まった妹が産院に駆けて、健康な子の誕生を確認するや、脱兎のごとく走り帰る。

「プラタナスは風に飛び、風に髪はなびき、昔柳腰、今河馬腰の十八貫三百は飛んだ」。駅では、逃げ足で鍛えた、勇ましい女給の美津が早飛脚として待つ。今ぞ姉妹はかなぐりあった昔を忘れ、人の笑うのもかまわず、うわあーと声をあげ、涙ぐみ、野道を駆ける。家で待ちかねる親兄弟に次々と、「ベーツなし」という吉報の暗号が届くと、父と長男は黄ばんだ破れ畳の上で踊りだす。

「征二に男の子供生れた。ベーツなし。生まれるまでの、堤家苦戦の有様は…書かないでも判るであろう」やっと世間並みの安堵を得た喜びの本心が伝わる。きのうの敵も今日は友。心一つにして伝令走り、しばし互いの憎悪を忘れた一家は、まさに血縁の戦野に休戦和睦の旗を立てるかのようだ。

西日本 1994.12.9

3　美しいはらわた

堤玲子が二十五年以上も前に書いた『わが闘争』は、今読んでも鮮度が落ちていない。そうしてフェミニズムはもちろん、リブの運動さえなかった時代に、理論用語を使わず、たった独りでそれらの言説を超えていることに驚く。それも背面跳びで、やすやすと。

今日では、女性が何をどう書こうとさして驚かれもしないが、堤が『わが闘争』と以後に書き続けた性愛を題材とする作品は、当時としては衝撃的な反響を呼んだ。彼女は〈女の業〉とか〈幻想〉という曖昧な回路を通らず、直截に生《なま》の愛を描写した。

駅の売店に勤め、『近代詩人』の同人となった堤の文学の下地は、偽悪趣味の美しいワル男や生活能力のない男達や場末の娼婦との交遊、恋愛、裏切り、失望のなかで培われていく。そうして、それがスラムのお姫さまとスラムの王子の突っ張ったお伽話であると表すだけの醒めた目をもち続けていた。

美男好きを公言して憚《はばか》らず、彼女を慕う純情男達を泣かせ、自殺未遂に追いこんだりしても、堤独特の露悪、道化の精神は自分を語る者にありがちなナルシシズムに陥らない。が、強い人ほどもろさをもつことを知れば、本当は溺れやすい人である。生れつき印刷のずれた顔、などと自分や妹の容貌をこきおろす表現の連続も、自他に向ける笑いの加虐趣味と逆転した自己陶酔ではなかったか。

女性週刊誌の好餌

堤の作品には、淫売の愛も、スケコマシの愛も、不良の愛も、慎ましい愛も語られるが、奥には切実なものが隠されている。一族の心身障害を過激なブラック・ユーモアで表現したように、淫猥とされる性用語をぶちまけた。その文体は、色めく古雅の糸と猥雑の糸で紡がれた一枚の布である。

多くの書き手が横文字のセックス用語でスマ

ートに性愛を語るのはもっと後のことである。だからといおうか、直接の生理語を頻繁に散らして書いた堤は、世にいう男遍歴、美男漁りとして女性週刊誌の好餌になった。

評判にもなったが、逆にそれが堤文学の不幸ともなった。スキャンダラスな〈きわもの〉として見られたのか、まとまった正当な評価は前述の田辺聖子氏によるものが初めてで、九〇年代になってのことである。ただ、『修羅の記』（一九七九）の帯には、五木寛之氏が寄せた『美しいはらわた讃』があり、「この短評は堤玲子文学の核心を衝いて」いると田辺氏はいう。以下はその孫引きの一部。

「堤玲子は、世にいう無頼派でも、アングラの人でもない。彼女は清らかな無頼そのもの、地底の虫そのものとして天成の虫そのものとして存在する。…〈修羅の記〉の一冊に、読者は銭を投ぜよ。作者は血まみれの優しいはらわたを君らに捧げるだろう」

蔑視に囲まれる

遅れ馳せの読者であるわたしが、この献辞を彼女の「壮絶な詩情」に相応しい月桂冠と喜べば、それこそが私の月経冠よ。たかだか、おブンガク好きの苦労知らずになにが分かる、と一蹴されそうな気さえする。

〈美しいはらわた〉の延長で、もっと具体的にいえば、堤文学のふるさとは子宮にある。それも、頭と論理でとらえるのではなく、性愛に直結したものである。堤が「子宮は神様です」という時、多少は見得を切る挑発の仕草もあるが、〈私〉にはすまし顔の精神愛など、偽善めくたわごとにしか思えない。

堤家は、嫁の来手も貰い手もあるまい、もしあってもまともな子はできぬ、という蔑視に囲まれていた。処女で朽ちてはならぬ、というのが堤姉妹の命題。闇夜に化粧させて強姦されて来いとの妙な励ましを受けた妹が、本懐をとげて戻った時、姉妹たちは祝福の歌で迎える。ここには、強姦してくれる男のやさしさ、という堤一流の男女観がある。さばさばと面白く書かれた春歌は哀しい。

悲痛な避妊手術

また、産む自由、産まぬ自由などという女性思想にも彼女は我慢ならない。切羽つまって障害児を遺棄する母親へ寄せる知識人の同情にさえ容赦ない。堤自身はそれまでに一度、貧しいままごとのような結婚をして妊娠するが、悪遺伝を恐れて悲痛な避妊手術を受けている。中ピ連もボーヴォワールも切りまくる〈堤・天動説〉は、彼女の体験実感から生まれた孤独の反乱であったろう。

こうしてみると、冷たい故郷を「ずんばらり袈裟がけに切って、あばよ」と後にした堤玲子は、家族・故郷・世間にだけでなく、文学にも匕首を呑んで向かっていたのだった。それは頭だけでつくられたきれいごとの世界や、それ以上に、文学をとりまくしたり顔の文化的追随者に対してであった。

大島渚、富岡多恵子との『終着からの性モラル』(『婦人公論』)という鼎談で、堤は自分達姉妹のことをさらりと言ってのける。「われわれはモラルよりもずっと下、モラルまでいこうと思ったら十三階段以上にあるんですわ。そこまで到達するのが、ほんとに死にまさる苦しみでしたね」。まさに、胸えぐられる真情吐露ではないか。

西日本 1994.12.10

4　孤独道連れに

　彼女は、二十五年以上も前に「堤文学のふるさとは子宮にある」と書いた。それは、先ず第一に彼女自身の性愛であり、次に憎しみをもって捨てたはずの故郷と〈お袋〉に繋がるものであり、また、彼女が産むこと、母になることを断念せざるを得なかった子宮でもある。

　堤があからさまな性情を描いて、女臭いねばつきを感じさせないのは、そのからりとした文体のせいだけでなく、いつも遠くに見ているものがあるからではなかったか。『わが怨慕唄』（一九八八）では、それまでになかった、しっとりとした味が増している。

「やい、文学、どうしてくれる。寂みしいど、寂みしいどったら、寂みしいど」

　泥の匂いたつ文学の野をひとり駆けていった無頼の娘は、憎み続けた母親が死に向かっている時、情愛の念をふり切ることができない。障害もつ我が子を恥じ、人前でお母さんと呼ばせなかった母親を、かつては殺意を抱くほどに憎んだこともあったのだが。

　　怨みつつも慕う

　十八の時、お袋を殺そうと思った〈私〉は桶屋の幸吉の錆び出刃を借りる。「馳け馳ける私の背後で、幕連女の寂寥が踊っていた。孤独の腰巻、ちょとからげ、絶望のかさぶたのできた足はねあげて、『あらよォ、空のチョキ舟、川端ゆけば…』踊る背後に、ユーレイの、月経帯のような昼の月」

　だが、追い抜き様に〈私〉を振り向いた青年二人の一声で殺意はしぼみ、「親殺しは、美人だの声で、狼男に雨夜、あえなき最後を遂げた」。なんとも堤らしい。もし顔を笑われたら、先に青年達が刺されるはずだった。

『わが怨慕唄』のあとがきにあるように、堤にとっては、故里も母親もいつしか「怨みつつ慕う」ものになっていた。「年老ると馴れたのか、よく見れば、似た血が流れているのに、気がついたのか知らねども、傷つくことがあると、兇情持ちの如く、突っ走るのは、わが故里、わが、大お袋の許」

堤家恒例のすったもんだの末に、母親は臨終を迎え、「白菊の雨、過去の、のすたるじいに咳き込みながら降りしきり」、集まった家族達がそれぞれにやさしい言葉をかける。

「おかあさん、ママ食べられよ」「今日は雨が降っている。からかさ入れてないけれど、風邪ひかずにな」。棺に釘が打たれる。

「にっくき、ははよ。誰よりも、なつかし、ははよ。ふるさとよ。と、私は、釘を、タン、タン、打ちながら、私の釘は、誰が打つのだろう。

国立無料養老院の美男ジイサマの、皺の波、打ちよせる手か。くそっ、そうはさせじ」。すでに、母も故里も慕わしい〈ひらがな〉に変わっているが、涙の中に笑う泥棒詩人のごと、反逆の堤玲子健在なり。

真に必要なこと

堤玲子は、書かねばおれない切実な理由があって、書いた。世間に長ドスつきつけ、時には面白おかしく、身を恥と怒りの炎で焼いてでも、書く必要があった。それは、坂口安吾の次の言葉に呼応するかのようだ。

「問題は、汝の書こうとしたことが、真に必要なことであるか、ということだ。汝の生命と引換えにしても、それを表現せずにはやみがたいところの汝自らの宝石であるか、どうか」(『日本文化私観』)

そうして、堤がいつも遠くに見ていたものとは、安吾いうところの、「絶対孤独」という文学の「ふるさと」ではなかったか、という気がしてくる。異色の文学という宝石を手にした彼女は、孤独を道連れに、文学の戦野を駈けてどこに行ったのだろうか。

ぷつり途絶える

今では入手できないものもあり、全部を読むことはできなかったが、第一作の『わが闘争』(一九六七)のあと、堤には以下のような作品がある。『わが妹・娼婦鳥子』、『わが闘争宣言』、『美少年狩り』、『修羅の記』、『わが怨慕唄』。そして、『わが犯罪家族』(一九八八)以来、著作刊行がぷつりと途絶えている。その理由をいくつか推測することはできる。

『わが闘争宣言』は、多くの文化人を撫で斬りにした、痛快辛辣な批評エッセイだが、あとの作品はほとんど『わが闘争』と同様の内容である。最初の評判で出版社が何匹かの泥鰌を狙ったのか、〈わが〉の自己増殖で、創造の限界と開き直りを指摘されても仕方がない。如何に文体が魅力的でも、いや、だからなお読者は新たな内容を要求する。

次に、〈ばなな・春樹〉時代の読者が、題材のインパクトより〈気分〉に傾いていったこともあろう。さらに、彼女の文章には規制語が多様に頻出し、そのために、慎重すぎる程敏感な出版界への発表を困難にしていることが考えられる。堤玲子にとっても、密かなファンにとっても実に不幸なことである。

いま、堤に必要なことは、他人を斬りまくったごとく、きのうの自分を斬って新たな世界を拡げることだ。どこかで牙を研いでいるのなら、このままではあまりにも惜しい。

やい、堤玲子、寂みしいど。どこで、何を書いているのか、読めないのは寂みしいど。

西日本 1994.12.13

5 ふるさとの空澄んでますか

堤玲子さん。あれ、知らん顔して。貴女のことですよ。まさか、玲子姉御と呼ぶわけもいかず、堤先生と呼べば、「先生と呼ばれるほどの処女じゃなし」と返ってきそうで。

堤玲子大姉。何か仏壇に向かっているようで、これもおかしい。門口で迷うのはやめて、普通の穴、いや門から入りましょう。

堤さん、故郷岡山に帰っていらしたのですか。なあんだ、というのも変ですが、ずいぶん捜したのですよ。本で読む限り、冷たい故郷を一刀袈裟がけに斬って飛び出たからには、すんなり戻られるとは思いませんでした。

捜した、捜したって、女探偵ぶるのではないのです。今の女探偵は、美人で頭がきれて離婚歴ありというのが三条件ですが、そのうち一つだけあっても探偵業は無理でした。

第一、貴女の居所なら出版社に問い合せれば、すぐ判ること。でも、即回答なんて、わたしにはちっとも面白くない。そのかわりに、推理と想像をめぐらす読者としての楽しみの方を取りました。著者には迷惑なことだったでしょうか。

足跡は大阪まで

先ずは、友人知人の中から堤玲子の読者を洗い出すことでした。どうもいけません、ひところ、推理犯罪小説に中毒していたもので、証人探しのような口調になって。そして、読者探しに大した成果はありませんでした。

資料による消息調べは続けましたが、何といっても、手に入る著書を飽きず読み返しながら、その中に堤玲子を捜すことが一番、甲斐のあることでした。ほら、こういうのって、専門家風にいえば、テキスト主義っていうのですかね。

　そのテキストで、足跡を大阪までは辿れるものの、『わが、犯罪家族』を出されて以来、あとは白波。まさか、昭和に殉死されたわけでもあるまい、と。いやいや、貴女には殉死など似合わない。貴女が殉死されるなら、それは〈堤玲子〉に殉ずる時でしかない。情死も心中もまだ、生ぬるい。

　情死というなら、いい男に裏切られてぶすりと刃を突き刺したあげくの相対死か、〈美男殺し油の地獄〉でなければならない。それとも、いっそ、三味線抱えた瞽女《ごぜ》さんについて回り、どこぞの雪の村で行路死というのが、〈堤玲子〉の死にふさわしい。

　いや、貴女は死ぬよりも、美しいヨカナンの首を愛でるサロメになりたかった、キリストの情婦になりたかったのかも知れない。〈堤玲子〉が、そう思ったとしてもおかしくはない。おかしいのは、意地のある、ちといい女が情婦のようにありたいと口にすること。「のように」がつくとつかないでは大違い。家つき、夫子もちを壊しもせずに、なにが情婦よ、フン、じゃありませんか。

リブ名鑑も不満

　確かに、情婦という言葉は『悪の華』同様気をそそられるものではありますが。いえ、わたしは幼少より意地も根性も行き方知れず、なりたいと思う願望も嫉妬もありません。ただ、自分にないものに惹かれます。貴女の世界に惹かれたのは、わたしがもち得ぬ強さ、激しさ、奥のやさしさ、そして悪の美しさのせいです。自分の同類はうとまし。

尋ね人の話に戻しますと、人物辞典の類に片っ端から目を通しました。女性史流行の折から、その方面も探しました。もしやと思い皇室の女性方を巻頭に掲げた『日本淑女録』まで。お笑いになっちゃいけません。猛女、烈女も現代淑女のうち、というのがその本のうたい文句でした。予想された一冊、リブ時代のスーパー・レディ名鑑には出てきましたが、ふざけたもので不満です。

分厚い『岡山県百科事典』に記載がないのは納得ですが、地方の時代とか言いながら了見が狭いですねえ。以来、文学分野に堤玲子を見落とした優等生の女性史というものにも、通り一遍の感想しかもち得ません。

堤中毒症ですが

結局、尋ね人の時間は膨らむだけ膨らんだあげく、出版社に尋ねてもらって一挙解決。気抜けしたような、安心したような。早速地図を広げて玉野市を確かめましたよ。心配なさらないでください、変なファンが押しかけて来るんじゃないかなどと。読みて訪わず。それくらいの慎みはもっております。

ただ、汽車で通過するだけでも、「岡山」というアナウンスさえ、今までとは別の響きで耳に入るのです。先日、京都に行ったのですが、貴女の一節が浮かんで思わず笑いそうになりました。「してない様な街、東京。我慢している街、京都。したそうな街、大阪」。まったく、言いえて妙。『わが闘争宣言』の批評文は、スタッカートのきいたタンゴを踊りながら、急所を突くから怖い。

さしずめ、この福岡は「どっちでもいい様な街、博多」でしょうか。わたしは堤節の下手な盗用犯になるくらい、堤中毒症に罹ったのですが、この先は恐怖症かも知れません。

堤さん、ふるさとの空は今も澄んでいますか。ご健筆を漏れ聞いて喜んでおります。くれぐれもご自愛なさいますように。

西日本新聞　1994.12.14

別役劇百本と〝噂の専門店〟

非日常へ転じる面白さと恐怖　深みが増した古林の演出

東京・青山円形劇場では十月八日から一カ月間、「青山演劇フェスティバル」が開かれており、今回のテーマは「別役実の世界1997」。これは別役の劇創作百本達成を記念した劇場側の企画で、週毎に四人の演出家が多彩な別役実の世界に挑んでいる。

舞台と観客の合体

ケラリーノ・サンドロヴィッチ、平田オリザ、宮沢章夫という当代人気の若手の前に、皮切りは古林逸朗演出の「演劇企画集団66」による『スパイものがたり』で、連日満員の好演で劇評家から初見の観客までを魅了した。これは別役の唯一のミュージカル劇を、知る人ぞ知る〝噂の劇団〟が二十七年前のオリジナル舞台を脹らませての再演。幻の舞台再演のために、作者、評論家、劇場側が推進委員会を結成したのも異例のことだった。

装置、照明ともに円形舞台を立体的に使って効果を上げ、常田富士男扮するスパイを中心に総勢二十六人の出演者が、楽団六文銭の生演奏でのびやかに歌い踊り終えた時、舞台と観客との合体という歓びが広がり、フェスティバルに相応しい幕開けとなった。

「ああ、あの別役」

一口に百本と言うが、これは鶴屋南北以来のことで、その全作品が上演されたと聞けば質量ともに驚くべきことだ。六〇年代のアングラ劇と呼ばれた小劇場演劇の台頭期から現在まで、途切れずにプロ・アマどこかの舞台で上演されている作家は稀有であろう。

だが、これは別役劇の魅力浸透という点では幸いとばかりも言えない。別役の劇と言いかけた途端、「ああ、高校演劇でよくやりましたね」という教師の反応に出会い、微妙な冷笑の気配が漂う。解釈の不定な別役の劇は一見取りつきやすい。大半が登場人物は少なく、舞台が簡素で、台詞は日常のありふれた会話体からなる。さらに幸か不幸か、専属劇団のない別役芝居には規範となる上演モデルがない。

別役はいいぞ、と言った教師もよく解らないらしく、不条理やアンビバレンツなんて要するにナンセンスでわけの解らない芝居でいいのかも。かくして退屈な舞台が出来上がる。皮肉ではない。それを観た人は後まで「ああ、あの別役」という反応を示すわけだ。

超然とした古林

先に挙げた劇団のことに戻る。企画66は名の通り、六六年に演出の古林と俳優の常田を中心に「堕天使」で旗揚げして以来、別役劇だけを上演してきた。異色の別役専門店と呼ばれる所以である。後に古林と結婚する、かねうち・のぶこ（福岡市出身）も創立時の主要な女優で、長い休止の後に復帰、今回は導入部の鍵を握る役を演じ笑いを誘った。

古林が創立時に「劇団愛国主義を排す」と述べた通り、この集団は上演ごとに集まり散じ、べたつきがない。主に渋谷のジアン・ジアンで九本の別役劇を上演し、評価が定まりつつあった矢先に、突然活動は中止された。

以後十年、夫妻は家業の雑貨店経営に専念。寡黙な口から本当の理由は明かされなかったが、この期間、古林は黙々とあらゆる本を読み続けた。そして八三年、静かにさりげなく活動を再開、また別役劇を上演し続ける。頑固とも一徹とも、超然とも言われる古林の演出する舞台は、二期目に入って静謐《せいひつ》な深みが増し、揺らぎに似た柔軟な笑いが生まれた。「舞台が役者のものである以上、演出とは徹底した演技指導」という考えによる。

舞台の瑞々しさ

ある街角に落ちてきた哀れなスパイとお嬢さんの恋物語という劇を前に古林はある雑誌の特集で語る。「別役さんの芝居は、たいてい電信柱が立っているように、縦軸で構成されている。『男はつらいよ』の寅さんを横軸の旅をする人だとすれば『スパイものがたり』のスパイは縦軸の旅をする寅さんだと思うんです。横軸というのは日常性が営まれている時間軸。それに対して、死や宗教や形而上学的な事柄は縦軸で行われる。たとえば、わからなさの魅力ってあるでしょう」

別役劇の魅力と謎は、日常的な会話から、いつのまにか抜き差しならぬ非日常の次元にはまりこむ恐怖とおかしさにある。古林の言を聞くと、再開後の芝居の脹らみに納得がいく。私鉄沿線の駅前商店街の店で、彼はまさに横軸の日常をじっくりと見つめ、夜は本を読み、いつも自分の井戸を掘り下げ、静かに浮上して縦軸の彼方まで考え続けていたのだ。空白の十年などなかったのである。

手元にある初演時のパンフの写真を見ると、別役も古林も常田も何と若いことか。二十七年を経て、古びない舞台の瑞々しさに感動を覚える。芸術も、人生も長い。

西日本 1997.11.1

画集「夢人館シリーズ」 ようこそ月夜の美術館へ

そろそろ月夜の美術館が開く時刻である。ぼんやりと思い屈する夜には、そこを訪れるといい。目印は、霧の中に見え隠れする小さな〈夢人館〉。そこには謎も真実も、愛も涙も血も、静けさも狂気もある。一流趣味を笑殺するようなカーニバルさえも。そこでは今までの美術シーンで埋もれたままになっていた才能が、月の光をあびて浮かび上がる。それが『夢人館シリーズ』の画集である。

画集の企画元である、東京・日本橋のアトリエ夢人館に初めて寄ったのは一九九一年の夏。詩集『月夜の仕事』『黄泉のうさぎ』の著者、小柳玲子という人の画廊を上京の折りに覗いてみたくなったのだ。読んでいたエッセイや詩から、韜晦の中にも真実を見通す眼をもつ詩人だと思っていた。だから、そこがただ雲のようにふわつく夢だけを見る所であったら私は困るのであった。

その心配はすぐ消えた。画廊・夢人館は、およそ夢とは不似合いな名称の「健康管理ビル」の中にあり、「パンと雲の境を知らぬ」詩人の簡素な書斎という印象の部屋だったから。フィニイの絵を眺めていると、書架の「夢人館シリーズ」という画集が目に入った。オーストリアの異才、渦巻き模様の絵で有名なフンデルトワッサーと、メキシコのフリーダ・カーロの画集だった。

『ニカラグア・ナイーフ』という中米の素朴な農民画集と、静けさに満ちた『長谷川潾二郎』画集もあった。暑さのせいか今日は無人館だ、と思いつつ黙って見ていたら、髪の長い年配の女性が向かいの事務室から出てみえた。その人が、日本や世界で初めての画集を何冊も企画編集した小柳玲子さんだった。少し話すと、気取らぬ人柄が見えて、パンも雲も大切にする人だと感じた。

まず『フンデルトワッサー』を求めた。実は、この大真面目で奇天烈な思想家でもある画家の、黒いバイブル型の翻訳版を以前に手放していたので埋合わせのつもりだった。絵のほか珍妙な住宅建築の写真も楽しく、見ても読んでも興味深かった。画家自身が、最高の画集と喜ぶほどのものだったのである。

悪夢のように華麗な『フリーダ・カーロ』も注文した。忌まわしい事故の後遺症と幾度もの手術で生涯痛みに苛まれながら、人々を魅了した強靱なこの女性の本は、今は日本でも幾冊か出ている。だが、当時はまだなじみのない画家であった。組織のバックもなく面倒な版権交渉を重ね、充実した内容の本にする力をすごいと思った。小柳さんは穏やかなフツーの人にしか見えないから、なお一層。

これまで様々な美術全集が大出版社の企画で幾度も刊行され、どこの図書館にも備えてある。だが、気になる画家のことを知りたいと思った時、豪華全集にポピュラーな巨匠以外は出てなかったり、あっても物足りないことがある。新聞社やデパートの催しも似たようなもので、美術ジャーナリストは評価が定まってから腰をあげる。確かに、王道を行けば危険は少ない。印象派やブランド美術なら人が集まる国だから、美術といえども経済原則を無視するわけにはいかないだろう。

だが、ポピュラーな市場とは無関係に光を放つ作品をていねいに掘り起こし、世に出す努力を惜しまない人びとがいることは幸いである。小柳さんもその一人。ジャーナリズムは後からついてくる。刊行のきっかけは大したことでないというが、繊細な陰影を知る詩人の直観が選んだ人や作品に寄せる愛情と、対象に溺れぬ目があっての仕事である。それが個人の企画で十冊も続いたのは反骨精神のせいであると、本人は笑う。

実はこの人、詩の世界でも反骨の人。やさしさの一方で、狭量で傲慢な人や「とんちんかんな」自己陶酔の詩人に厳しい。その視線は己れにも向いているので、作品評や解説を情緒的な思い入れで飾らず、それぞれの第一人者を起用し、自身の筆は専ら翻訳と画家に縁のある人や場所の探訪に向けられる。

彼女は、「日本から画集を作りに来た」と世界のあちこちに、とことこ出掛けて行く。相手は驚きあきれ、じきに親身な協力者となり、しまいには心から感謝する。小柳さんの真骨頂はここにあって、画集作りはそのまま深い人間理解のドラマとなり、画家の負の面をも見逃さぬ評伝となる。

こうして刊行された画集は、前述の四冊の後、「古今無双の変人」でエロチシズムと哄笑に満ちた、自称「太陽星帝王」のゾンネンシュターン。世界最初の画集として、ベルギー象徴派のジャン・デルヴィル、音楽家メンデルスゾーンの水彩画、英国のリチャード・ダッドがある。特に、細密な妖精画のみで一部に知られていたダッドの、呪われた生涯と作品の全貌は創作の謎と秘密に迫る。

また、日本で最初のものは、世紀末ベルギーの神秘的なフェルナン・クノップフ、ドイツ唯一のシュールレアリスト画家リヒャルト・エルツェ。これらの十巻で一期は終了。あまり目に触れることのなかった作品鑑賞に加えて、作家たちの光と影の物語が月の満ち欠けのように浮かび上がってきて、読んでも興味つきない画集である。

小柳さんの散文詩のようなエッセイもしんとして美しい。そこには、かつて彼女の町外れにあったという不思議な〈夢人館〉にまつわる思いが、戦時下の少女の目で語られていて、不安と憧れの夢想が去来する。怪しげな演芸館に似た〈夢人館〉と、現在のアトリエ夢人館は、小柳玲子という詩人を通路にして今もつながっているのだ。幻の赤いペンキ塗りの扉の奥から、まだ埋もれたままの作品が彼女に呼びかけているることだろう。

毎日・西部 1997.12.12

装幀家・毛利一枝の世界　本の魅力を引き出す力

本は誰のために出されるのか。まず普通は読者を想定して出版されるだろう。そして、読者は中身よりも先に本の顔に出会う。顔とは、表紙であり、扉であり、箱であり、視覚触覚に関わる造本の意匠全般のことである。それに携わるのが装幀家の仕事で、装幀は単に表紙絵をデザインすることではない。

よい装幀家は著者と編集者の成果に浮力を与え、店頭効果だけでなく読者にも満足を与える。装幀は本の顔であるが、その仕事には他者の作品に付随する黒衣的な面がある。

毛利一枝は、その作法を心得た上で本に対峙し、すぐれた仕事をする装幀家である。美術デザインの力はもとより、本のよき理解者であることに関係者の信頼が寄せられる。

読者にとって特別な本とは、心に残る内容と、それに相応しい装幀をもつ本である。愛着をもった本は、文庫本でもカバーが取れた本でも、自ずと品格をもつ。わたしは単なる読書愛好家であって、好事的な愛書家ではない。だから、好ましい装幀といっても、美術工芸品のような装幀本でなく、読書人のための装幀を考える。すぐれた装幀家の第一の条件は、形をとる前のテキストを読みとる能力であると思う。毛利一枝の感度は鋭く、時には、著者や編集者さえ気づかぬことを読み取り、それが効果的な装幀に現われる。

　有名な装幀家の中には、まるで自家ブランド品のごとくに、一目で○○調と判るものがある。それも意匠のあり方だが、中身が変われば顔が変わって当然だろう。また、画家が装幀する場合、表紙を自分の美術発表の場と勘違いすることから問題が生じやすい。デザイン優先のデザイナーも似たようなものだ。

　毛利の装幀は多様で、一冊ごとに異なる顔を見せ、中身に付き過ぎず離れ過ぎず、装幀の節度を知った上で、どこかに自分を遊ばせ、意は通している。自ら描き、撮り、その気になれば全て自前でできる人だが、有名無名の他者の美術作品から思いがけぬ素材までを自在に使うことがある。その抽き出しの豊かさに加えて、選択と組合せの的確さから魅力ある装幀が生まれてきた。

　すぐれた装幀は、本と著者の魅力を引き出す。版元の大小を問わず、この人ほど著者や編集者と会う装幀家もあまりいないだろう。望まれれば、遠く出向いてでも話を聞く。好きな装幀の一冊に、『渡辺荘の宇宙人』（素朴社）という快エッセイ集があるが、著者は視力と聴力を失った人である。彼女が、その温かくとぼけた自装画の装幀見本を携えて著者に会い、通訳者を交えて飲んだときの、愉快な会見談をきいたことがあった。

　毛利一枝の仕事を見ていると、本は人なり、と思うことがある。つまり、本を知ることは人を知ること。彼女が本を解るのは人を解るからである。藤原書店より刊行中の『バルザック「人間喜劇」セレクション』は、古典全集に奉られた文豪を「偉大なる俗物」として蘇らせるに相応しい装幀だ。また、刊行開始された『阿部謹也著作集』（筑摩書房）では、知の歓びと香気を伝えている。多巻本の装幀には、揃ったマス（量）としての見せ方があり、いずれも、その効果まで統一と変化をもって考慮されている。

以前よく、完成前の見本を見せてもらった。一枚の装画が組み立てられていく、仕事の精密な過程を見るときの、楽しい驚き。平面から立体へ。本は立てられて背表紙を見せる期間の方が遥かに長いのだ。背中はタイトルと同様、最小面での勝負どころでもある。

阿部謹也の『ヨーロッパを読む』（石風社）には、フュースリー描く夢魔の妖しい画が使われた。同氏の学問からは一見遠くに思われるが、押さえるべき処を知っての選択に踏み外しはない。内容に添うブリューゲルの絵による装幀見本もよかったが、著者と編集者も納得して無難な方があえて落とされた。

最近の仕事に、村田喜代子の『X電車にのって』と『ワニを抱く夜』（葦書房）がある。どちらも、ポルトガルの女性画家の絵を用いて、アンソロジー編集の意図と著者の初期作風をみごとに生かしている。他者の眼など意中にない少女が描かれ、未分明な性の萌芽が遠い記憶のようにうっすらと浮かぶ。

毛利自身が描く装画は、雅俗併せもつ飄逸な画調から、平田俊子詩集『ターミナル』（思潮社）のような細密画まで、いずれも緻密な均衡に支えられる。

ほかに、禁断の魅惑を漂わす本。朝倉喬司の『毒婦伝』（平凡社）や、沼正三の『ある夢想家の手帖から』（太田出版）のエロス。どこか、際物的な装画を描いても際物に堕さないのが、毛利装幀の特徴だ。つまり、装幀に品格がある。それは、プロとしての矜持と、本や人に向き合う心によるものであろう。

本は人なり、とは装幀のことである。

毎日・西部 1999.11.26

はじめての博多案内『阿部謹也著作集』によせて――

一九七七年の春、勤務先の大学図書館に知らない人が訪ねてみえた。その人は早口で「東京経済大学の阿部です」と名乗り、学会で九大に来たので寄ってみたと言われた。その方が『ハーメルンの笛吹き男』の著者、阿部謹也先生だと分かるまでに数秒かかった。

私はその前年、『ハーメルンの笛吹き男―伝説とその世界』を読んで感銘を受け、見ず知らずの著者に初めてファン・レターまがいの感想と、その本に影響を受けてまとめた小詩集を送っていた。それまで勝手に抱いていた世の学者像と違い、この著者には内容だけでなく文章の隅々にまで魅了されるものがあって、手紙を書かずにはおれなかったのだ。本の著者歴を頼りに小樽商科大学宛てに出したが返事までは期待しなかった。

それが、忘れた頃になって温かいお返事をいただいた。先生はすでに小樽から東京に移っておられ、九州からの便りは雪の中を回送されて遅くなったと書かれていた。拙い詩を読んでくださったことがうれしかった。

そういうわけで、小樽の阿部先生という思いが強く、「東京経済大の」と言われても、すぐ結びつかずに間の抜けた挨拶を返して終わるところだった。だが、思い直した私は会場へ向かわれる先生を追って、後のご予定を緊張して尋ねた。何もないから閉会の時刻に会場で、と言われたので少し拍子抜けした。

その時刻に講義室の廊下で待った。会場からの空気が伝わり、私には縁のない世界だと思った。やがて出て来られた先生は、さあと言うなり、すたすた歩き始められたので驚いた。研究者たちと挨拶を交わされたりして、少しは待たされるかと思っていたのだ。

学会も九州も初めてと伺い、その頃まで構内を横切っていた路面電車に乗って街に出ることにした。「僕、チンチン電車大好き」と喜ばれる表情が放課後を待ちかねた生徒のようだった。停留所付近には、松の木立がまだわずかに残っていた。その何でもない風景がいつもとは違って見えたことを覚えている。

電車の中で『一発』という本のことを尋ねられた。それは地元の葦書房で出され、先生は少し縁があって、出版されたことを偶然ホテルで読んだ新聞で知ったと言われた。それではと、版元に本を買いに行くことにした。こうして、福岡・博多案内の出だしは一冊の本がきっかけで決まったのである。ちなみに『一発』は、おならの文献・戯文集であった。

当時の葦書房は、やがて全国的に知られる「親不孝通り」を抜けた所にあった。通りの名の由来など説明しながら古い木造の建物に入ると、私の小詩集を作ってくれた福元さんがいて、紹介すると先生は本を買われた。

歩きながら、待たせた時間のことに触れられたので、楽しみを待つのは苦にならないと答えると、堀口大学の詩を口にされた。その一節から「時のお腹は蛇腹です」と続けると、「古い詩を知っているね」と面白そうだった。実はむかし姉の本棚から抜いて読み、それが詩に親しむ入り口になったことを述べた。

コーヒー好きと聞いて喫茶店に入った。葦書房の本を数冊挙げると、手帳にメモされた。それから本の話が続き、R・ブラッドベリの『何かが道をやってくる』のことが出た。それは空想癖のある少年期の不安な日常と冒険を、小さな町の住人、家族、奇妙なサーカスなどと共に描いた本で、目に見えぬものの息遣いまで伝わるものだが、ただファンタジーというには愛惜の情が強く流れていて、わたしの心にも残る一冊である。

夕食は近くの薩摩料理の店に案内した。先生は青い小魚の刺身盛りに感心された。名前を尋ねられ、キビナゴと答えると手帳に書かれた。ついでに、カナギの親ですと言うと（それは誤りと後で知った）、それも書き留められたので、学者は何でもメモされるのかと思った。話は途切れることなく、細かなことにも興味を示された。男の人でお行儀が良いことと、よく話されることに私は驚き、話の展開が早いので何度も聞き返した。

詩のことを尋ねられたので、私の〈ハーメルンの詩〉は、さしたる評価もなかったこと、東京から戻ってきて福岡にはまだ心許しあう友は少ないこと、そして詩を書く人とも職場の人とも離れていることなどを話した。先生は、小樽やドイツでの生活のこと、これまで学界の外にいたことを語られ、リルケの言葉を引いて、それを書かなければ死ぬと思うなら書く意味がある、と言われた。また、若き日に学問の指標を示唆された上原専禄先生との出会いや、兄事する友が一人いることを語られた。それは、大切な生涯の友は多くなくていいのだとも聞こえた。

学ぶ歓び、知の明晰さと香気、真摯なお人柄、先生から感じられる印象は初めてお会いした時から今まで変わることはない。それに、いたずらっぽいユーモア。私は先生に対して自分の無知を恥とはしなかったが、不勉強に居直ることはするまいと思った。だから、その後は先生の研究の道と自分の関心にそって、出される本はできるだけ読み、解らないところは正直に言った。

突然、「僕いくつと思う?」ときかれ、当てると不思議そうだった。それまでの会話から、私は姉の年齢をもとにして言ったのだった。私の歳もきかれた。不意に年齢を尋ねる男の人は珍しかったが、率直で嫌な気はしなかった。それ以後の数年間、会う度に「きみ、いくつ?」ときかれるのがおかしくて、頭がいいのに忘れっぽい先生だと思った。多分、大した意味はなかったのだろう。

店を出ると、行きつけの飲み屋でもあれば、と言われたので迷わず「むらかみ」に案内した。そこは狭いが味のある古い店で、博多気質の小母ちゃんが一人でやっている居酒屋。三角屋とも呼ばれ、客には趣味人が多い店だった。そこで、私の同級生と出会った。彼女は小唄の名取りであり、一気に話題が変わって弾んだ。博多弁の会話をひと時楽しまれた先生は、「博多にまた来ます」と言い置いて先に帰られた。

うれしいことに翌年も次の年も九州で学会があり、本当に先生はまた来られた。私にも友人が増えていて、一緒に巷の学会を楽しむようになった。お話を独占するのは勿体なく、友人の画家と新聞記者が一緒の時に講演をお願いすると快く受けてくださったので、福元さんに世話役を頼んだ。彼は、石風社という一人だけの出版社をはじめたばかりであった。

こうした縁で始まった博多のレクチャーは、大学や学界の外に人の輪をつなぎ一、二年毎に約十回続いた。〈世間〉学にまで至るその時期の講演集は『ヨーロッパを読む』として、一九九五年に石風社から出版された。

私は今も、好きとは言えぬ大学図書館の司書であり、書かねば死ぬと言うには程遠い詩を書いている。しかし、この大学に勤め、詩を書いていたおかげで阿部先生との出逢いがあった。やっと最近、私にも詩を書く理由があると思えるようになってきた。

阿部謹也著作集　第四巻　月報4筑摩書房　2000.2

今あえて、蓑左衛門　詩人・井上岩夫の「小説集」

いかりをほぐし
綳帯をとき
世界のうらみちを遠ざかるものよ。
僕の内部に
白いガーゼをおき忘れて

スペイン牛のように
大地をつきあげる季節のひふに
はぎ残された傷痍の花。

（井上岩夫「残雪」全行・１９４６）

鹿児島の蓑左衛門こと井上岩夫氏は、面識もないのに遠くから畏怖した詩人であった。わたしの思いすごしか、かつて近辺の先輩詩人たちからは、この人の名前が出るだけでどこか敬して遠ざける、という暗黙のよそよそしさが伝わり、不思議なことに思っていた。

もとより、駆出しの詩書きであった若輩に九州一円の詩界など解ろうはずもなく、薩摩の地でどういう存在であったのかさえも知らぬままだ。ときおり、井上氏の詩や小説、そして人物像を教えてくれた数少ない人たちは、いずれも詩人ではなかった。これは、ただわたしが詩人たちと交わることの少なかった所為かも知れない。

はじめて読んだ小説『車椅子の旅』（１９８２）

で、九州の南にこのような人がいると知り、たまに何かで見たその眼光を思うだけで、自分の中にある詩書きのインチキさを知らされるのだった。

だから、妙な言い方だが、氏の死亡記事を見た時は、どこか見えない重しが取れたような気がしたものだ。

昨夏、いくつかの原因から急に本が読めなくなった。人は本のみにて生きるにあらず。このまま本から離れてしまうのも悪くないな、と本気で思いはじめていた。

だがある日、床に積んだ未読本の島の中で一番気になり、読書の快楽とは一番遠そうな本から再開しようかという気になった。途中で放棄してもいいじゃないか。

それが、九篇の小説からなる『井上岩夫著作集・2』（福岡市・石風社刊）である。前年出た全詩集は読んでいたが、この大冊にはうかつに寄りつけない孤島の峻厳さが感じられた。その時、「本気で読むのかい？」と、老獪な蟇左衛門氏のギロリとした眼に挑発されたといってもよい。

とにかく、毎日少しずつ読み継いだ。底に流れる頑固な自意識のよじれ方といい、深さといい、一筋縄ではいかない。それを孤高の詩魂などといえば外方《そっぽ》を向かれそうで、老獪《ろうかい》、狷介《けんかい》、含羞の目眩《めくら》まし術にかかっているのは、作中人物か読むわたしか。ねじれに添って山芋を掘り進むのはこんなことかとも思った。

ほとんど苦行のように読むうちに、よじれた山芋掘りの手応えを感得しだした。重く粘る小説の泥中には、手を切るほど清冽な真水さえ流れていて、はっとする。

井上岩夫が見据えた時代は敗戦前後のことであるから当然ともいえるが、どの人物も戦争体験の後遺を引きずっている。それは犠牲だとか、贖罪だとか甘い空虚なことばに置き換えるくらいではすまされない。軍隊の亡者、敗戦の亡者が、幾重にも折り重なり、幾つにも分裂し作者と作中人物の内面に巣くっているのだ。

『衛門』は、リンチの明け暮れの中で、野戦志願と引き換えに六日間の休暇を手にした兵卒の話。二人の兵士が一日早く帰隊したことから、理不尽な展開が待ち受けている。主人公がどこで一日分の時間を取りこぼしたのかが、あたかも心理の劇中劇をみるように回想され、その中にお貞ちゃんと呼ぶ姉との秘密が凝縮された表現で浮かび、開きかけたエロスの扉は封印されてしまう。

氏が描く男たちは、概して世間とも己れとも折り合いが悪い。いや、折り合いをつけないことで矜持を保ち、あげく、傍目には不運な境遇に自らを追いやっていく。生き延びた高位軍人を「ドン百姓」と言い切るのは、一兵士として発する帝国陸軍への断罪であるが、それは同時に、生き延びた己を「負け犬」と徹底的に自嘲するという双面をもたざるを得ない。

そのことを自虐的にまで表しているのが、『カキサウルスの髭』と言えるだろう。ここにも生き延びたことを原罪のように戦後を生きる男がいる。元シベリア帰還兵の大隅と幼なじみの「私」、その妹、可憐を中心にして、いくつもの人間関係が縦に横にと張りめぐらされる。狭いムラの階級意識や複雑な確執が、互いの傷を庇いつつ露出させるといった手合いで描かれる。

復員後に美しい妻を亡くした大隅に、「私」は戦争未亡人の妹をしつこく嫁に貰えと勧める。二人が幼い頃から思い合ってることを知っての上だが、「いつまでも桃の産毛の周りを回っていたい」と、はぐらかされてしまう。実は「私」の方こそ、「少女の中の妖婦」といった妹を手放したくないのかも知れない。

薩摩の旧家に育ち、今は巷に無為の身を沈めるこの「戦後型オブローモフ」の大隅をはじめ、誰もが秘密の修羅を抱えており、それが妄想とも噂とも白昼夢ともなって、わだかまりの妖怪「カキサウルス」を太らせるかのようだ。男たちは、焼酎（ソッ）を呑んでは挑発と慰撫をぎしぎしと撚り合わせ、胸中を開きかけては閉ざす。

決して読みやすい筋立てではないのに、いつしか虜になっていく。多くの人物のわだかまりは、敗戦とムラの亡霊という糸に繋がっており、不発弾のような伏線が作中に張り巡らされている。一人の人間はいくつにも分かれ、作者の視点と心中も故意に重層する。

つまり、これは井上岩夫の強烈な酔眼の構えだ。氏の中にあるモダニズムとインテリジェンスを土俗の泥にまみれさせるという、手のこんだ韜晦《とうかい》術である。島尾敏雄に「断固として詩人である」と言わしめた人の含羞が、このような入れ子式に分身する小説作法を採らせたのではないだろうか。初期の筆名、蟇左衛門からしても。

いま、この稀有な著作集が、地元の文学団体でなく、師事したわけでもない京都在住の一個人の企画編集によって、小さな版元から出されたことに驚く。上製函入りの大冊は、まるで時代への謀反のごとく、快挙にして暴挙。全三巻が完結すればどんな賞よりも無冠の帝王にふさわしい。

「お前さんたち、いま懐かしむべきは、バブル景気や高度成長期でなく、もひとつ前の混乱時代だよ」。そう言いたげな蟇の眼が遠くでぎろりと光っている。

井上岩夫・鹿児島県に生まれる。（１９１７〜１９９３）
１９３４年青年学校電気科卒業。１９４６年まで九州電力社員。
その後、古本屋、看板かき、ガリ版屋等。その間様々な詩誌の同人になり、多数の詩誌も発行。
詩集・『素描』『荒天用意』（共に私家版）『しょぼくれ熊襲』（弓立社）『いたましいあかりんこたち』『ことばでパチリ』（共に黙遥社）
小説・『大島遥小説集』（私家版）『カキサウルスの髭』（弓立社）『車椅子の旅』（葦書房）
「井上岩夫著作集」１・全詩集、２・小説集（石風社、１９９９〜）、３・小説、エッセイ集も同社より刊行予定。

「きょうは詩人」No.2　2001.8.5

引きこもりたい時、本の中の人と会う

「友がみなわれよりえらく見ゆる日よ花を買ひ来て妻としたしむ」と啄木は詠んだ。思い屈する日に親しむものは人によって音楽であったり、酒や犬猫であったりするわけだが、わたしの場合は「本を買い来て独り親しむ」となる。もちろん買わずともよい。

思えばもの心ついてより、本は欠かせない友であった。いわば、ずっと二つの世界を生きてきたようなものだ。といっても、興味の赴くままの読み漁り。こういうのを書豚というのか。（違っていたら、豚よゴメン。）

では、気落ちして引きこもりたい時に読む本は何だろう。親しい人にさえ会えば鬱屈するくせに、どこかで人恋しい。そういう時、わたしには日頃よく読む小説より実在した人が出てくる本がいい。凡人の逸脱は単なる愚行だが、非凡なる人物の生きた軌跡は正・負両面にけた外れで愚も超越する。

わたしの出た中学校には、「偉人の日」というのがあり、偉人の肖像画を描かされた。家にあった少年少女向きの偉人伝から口絵の野口英世を模して出した。選んだ理由は髭があって描きやすい顔だったからだ。

それにしても、教科書風の偉人伝というのはなぜ面白くないのだろう。後に渡辺淳一の『遠き落日』に出会い、世に流布された英世像との落差に驚き、その破天荒ぶりに惹かれて上下巻一気に読み継いだ。傲慢身勝手、大嘘つきの借金王にして恩知らず。が、胸痛むほどの刻苦勉励を経た偉人であることに変わりはない。修身サイボーグの偉人伝と違い、この本は英世だけでなく恋愛小説家と思い込んでいた著者までをも見直させた。

そのような視点で『文人悪食』（嵐山光三郎）を読めば、ここにもいる、いる。文人たちの奇人変人ぶりが食を通して描かれ、独特の人間文学論と二重に愉しめた。貧と病の申し子だった啄木にしても、不遇を味方につけての虚言と借金の天才にして見栄っぱりの大浪費家。まさに、作品と人は別物である。

偉大な才能の近くにいる人は、大なり小なり迷惑の余波を被るものだが、それが身内ならどうか。佐藤愛子の『血脈』は、少年小説で一世を風靡した佐藤紅緑の子供たちと一族が放蕩、親不孝、勘当、行路死、破産などを引き起こし、家庭崩壊どころか、すさまじい人生を蕩尽する大河伝記小説といえる。

紅緑の長男、サトウ・ハチローの異母弟妹と一族に流れる「荒ぶる血」の過剰が招く有為転変の前には、個性を大切に、などという教育者のお題目も寝言に等しく感じる。一族で唯ひとり、父の成功をしのぐハチローの残した童詩と天衣無縫な非道ぶり。ここにも、人と作品の矛盾があって興味つきない。

紅緑の愛娘にして血脈最後の人である著者、佐藤愛子の容赦ない筆力と胆力は大冊上下巻を通してゆるみなく、読後に甘口の家族愛などとは別の鎮魂の風が流れるようだ。

さて、もう少し遡って時代を動かした風雲児たちの行状はどうだったか。これまた中国編と日本編の二冊『食客風雲録』（草森紳一）の群像は豪気に満ちている。「三国志」の時代から食客道は中国の伝統らしいが、明治の傑物の許に集った食客たちの憎めぬ図々しさは痛快無比。原敬、大隈重信、後藤象二郎など置く側も太っ腹だが、幸徳秋水から後藤の放蕩息子まで居候たちのへつらわぬ大物ぶりが面白い。若い日に「居候連盟機関誌」と称するものを出していた自分が懐かしい。

最後に、誰にも等しく訪れるのが死である。『人間臨終図巻』全三巻（山田風太郎）には古今東西の有名人の死に際の逸話が約九百。十代で死んだ八百屋お七から一二一歳で死んだ泉重千代さんまで、哀切な死もあれば静かな死もある。福岡が生んだ異才、夢野久作は紋付袴姿で客を迎え、「きょうはよい日で、あは、は、はー」と笑ったとたん脳溢血で倒れて死んだ、とある。羨ましい話である。

妙なことだが、人を避けて多くの（本の）人に会ううちに胸のわだかまりがちっぽけなものに思え、生きた人に会いたくなる。傷つけ、傷つくのも生きておればこそ。本で愉しい引きこもり、と思えることがうれしい。

読売・西部「読む、考える」2003.1.7

漂泊の文学者　岡田徳次郎

『漂泊の詩人　岡田徳次郎』が弦書房から出た。大分県日田市の医師、河津武俊が『秋澄──漂泊と憂愁の詩人・岡田徳次郎の世界』（講談社）に新たに一章を加え、大幅に加筆、ほとんどの詩を詩撰《しせん》抄として収録、再刊した。戦後の一時期を日田に棲んだ岡田は、一九五五年「銀杏物語」により芥川賞の候補になるが話題にもならず、むしろ生活は破綻し、貧窮と流浪の果てに生を終えた。河津はひとりの不遇な詩人像を深い共感と愛情によって甦らせた。

ここで詩をとりあげるのは、岡田にとって詩が文学の入り口であり、出口であったと思えるからだ。それらの詩は悲愁の漂う叙情詩が多いが、現代詩が捨てようとすることばの情で読む者の胸を衝く。

寒夜
ひつくり返つたトロッコは
その車輛に映る月光のために
みづから悲しまねばならず

すべて　凍り
すべて　尖り
一枚の青いスライド画面の中で
私は凝固し

あゝ　この環状山脈の中心から
歩み去りたいと願ふのだ　が
そのためには　影を
こゝに捨てて行かねばならぬ

（「月下」全行）

この詩から、のっぴきならぬ生活の中で文学への夢捨て難く、苦闘する人の悲哀が伝わる。文学愛好家なら、文人墨客の歴史もつ日田盆地で文学を友として過ごせただろう。だが、彼は文学という業に憑《つ》かれていた。

兵庫県の明石に生まれ、独学で大阪の国鉄職員となった岡田は、川柳仲間に触発されて詩作を始める。俳人の義兄を頼って妻子と日田に疎開してからは市役所に職を得、「九州文学」などに詩を発表。周りには彼を慕う者もいた。

しかし、文学で立つには小説と思っていたようで、関西を離れた焦りが「山中憂悶」と題する一連の詩に見え隠れしている。

「三時間汽車に乗つて／海を見に行つた／海は荒れてゐて／夏の終りだつた／／煤だらけになつて／山の中へ歸つて來た／山もかなしいが／思へば海もかなしかつた」

「目がさめると山／どう歩いても／行手に山／／じろじろ／じろじろ」

山も人も疎ましい。

また、「裏町の古い店の土間で／ひとり腰かけてゐたら／ニワトリ色のニワトリが一羽／輕蔑して通つた」と、諧謔《かいぎゃく》で紛らわすが、古い列車時刻表を壁に見るや、「思はず腕時計を見て／ドキッとした／歸る所が無いのだ」

国鉄職員の癖が出るのも、都会に帰る場がないのも、かなしい。

文学の鬼とも言われた岡田の文学病は小説に起因する。その煩悶が先にあげた「月下」の透徹した詩行に結晶したのではないか。

酒に溺れ、金銭の不始末清算のために役所を退職した翌年に芥川賞の候補になるが、回生なるどころか生活は急速に下降する。それまでの文学上の旅情や漂泊の思いが、厳しい現実となるのだ。幼い一子を連れ、下関、岡山、京都、明石と旧知を頼る流浪が始まる。

もはや、小説どころではなかった。救われるのは、機微を知る元の川柳仲間と子息の情愛に支えられたことだ。彼は無頼の人でなく、温厚な人格には卑しいところがなかった。細々でも詩を書く場所ができたのは幸いだった。

詩は〈敗者の文学〉といわれる。岡田の人生を見る限り、それは本当である。ただ、自らそう言う人にはどこか裏返しの傲慢さが潜んでいるが、彼の人間性は敗者とは遠く、一途にやさしいだけだ。

「旅情」という詩の数節。「子と／その母を／ひきつれて／われは雲か」、「渦巻く業の思ひに／身をゆだね／明日を忘れ」、「ゆふべ／飯をこぼし／俯向けば愁」

その人生行路は痛ましいが、詩を読むと悲惨とばかりには思えない。岡田にあって、詩は悲惨からの出口でもあったのだ。だから、モダニズム風の詩や、子どもに寄せる清澄な詩も残した。

もともと、詩は勝ち負けとは無縁のもの。世界中が競争原理に巻き込まれつつある今日、詩くらいは弱者の耳をもち続けてほしいものだ。岡田の詩には、〈還りゆくことば〉が遍在する。その目指す方には、人の本質的なやさしさがあったのである。

朝日・西部 2004.7.3

杉浦日向子の江戸漫画を追って

　昭和の女絵師・杉浦日向子は『百物語』を一話描き残してこの夏他界した。大学を中退して時代考証家の稲垣史生に弟子入りしただけあり、幕末に生きた人々の息遣いまで伝える江戸漫画を描いて大人の作家たちを唸らせたのが、まだ二十代の娘ざかり。

　以降、座敷童女の面差しのままで、大江戸の魅力と、閑《のど》かなあやかしを軸とした作品を次々と出してファンを摑むや、あっさりと漫画隠居を宣言。路上観察、テレビ出演と肩肘張らずに、平成の世を駆け去った。

　彼女にとっては江戸もあやかしも異界ではなく、東京と地続きの場所。とすれば、語り納め百番目の出来事こそ、江戸を生きた彼女の真の江戸還《がえ》りであったと思えてくる。

　私の愛蔵する『百物語』の三巻本は、江戸時代に流行ったという百話を語り継ぐ怪談とはいえ、怪奇ホラーの残酷さとは違って、怖くも懐かしい不思議絵物語である。

　怪異は単純な話ほど記憶の底をふるえさせるものだ。たとえば、一人遊びを好む童女が長持ちに入って消えた。井戸から縁下まで捜し、祈禱までしても行方知れず。ところが一年も経って長持ちを開けると、童女がぱっちりと目を開いて中から出てきた。それだけの話だが、じわじわと効いてくる。

話の種の多くは、幕末の風俗などを採取した松浦静山の『甲子夜話』や不思議話を集めた柴田宵曲の『妖異博物館』にある。個人の独創性など問題ではない。かの沙翁《シェークスピア》も鶴屋南北も、天才は時代の好尚に合わせて先人の遺産を利用した。

私が臆病なくせに尋常でないものが好きなのは、母親ゆずりだろう。娘の遊学時代に上京した母が中野の下宿に来て内緒めかしていった。「近くに、円了とかいうお化け学者のお堂があるから行ってみようや」

翌日、探し探し着いたのは、何ともショボい哲学堂公園。後に、創立者の井上円了が妖怪学にもくわしい東洋哲学者だと知った。

整備前の庭園には赤い木造の塔や池があったが、ほかに憶えているのは、貧弱な桜の木が人けのない昼日なかにシンと妙な気配を漂わせていたことと、母の着物の小紋柄。

母は、「学者は面白うない。東京の魚はおろよか。あんたは金遣いが粗い」と言い置いて帰った。なぜ母があんな所を知り興味をもったのか、行ったのは現実だったのか。四十年以上経つ今はすべておぼろ。あの日の、奇妙な時間を亡母の年齢を超えた娘は思いだす。

日向子絵師は江戸に学んだが、学者じゃない。「だから面白い」と肩ごしに本を覗いて母が言う。「それに活きがいい魚のごたる」。「金遣いは？」と問えば、「ケチくさくない。ツヤかねぇ」。振り向くと誰もいない。ハハ、死んでもせからしい母だ。

そして、大江戸の庶民の暮らしぶりやゆるやかな人生観を描いたのが『百日紅《さるすべり》』。ここには、奇才葛飾北斎と娘・お栄という浮世絵師親子の、反骨と絵三昧の日々を縦軸に、職人、得意先など町人の世相を横軸にして浮き世を描き出す。権威への反発、貧乏の開き直り、季節の遊び、色恋の情など、憂き世の悲哀も見せながら細やかに温かく写しとる。

寝て食う処に、人でも仕事でも好いたことがあればいい。薄っぺらな見栄とは無縁で、意にそまぬことはしない。ぼろと反古《ほご》に埋もれては、掃除の代わりに引越しを重ねる。

人を食ったような父娘は絵の師と弟子でもあり、時にライバルでもある。毒舌と皮肉の応酬に笑いながらも二人の絆を感じる。娘の腰巻に絵を包み得意先に届ける父と、それを苦にするでもない娘。すでに名声を得ていながら、このあっけらかんとした生き方。

たぶん、日向子絵師はこの少し伝法《でんぽう》なお栄の妹弟子になりたかっただろう。北斎漫画などをなぞった絵は、彼女が時代を超えて北斎の弟子を夢見たことを示す。『百日紅』は絵師杉浦日向子のマンガを不動のものにした。

ところで、考証を重ねたからといって「江戸を生きる」ことになるだろうか。虚実皮膜の創作世界と時代の歴史観を混同する危険性は、作者自身も承知の上だったろう。

ただ、浮き世と憂き世の間に異界の風を入れて心をゆるめたい。楽観、呑気、怠惰、反骨、人情、逃避、洒落といったものをひっくるめて時代の転換期を過ごした人々に、作者は今日の息苦しさから逃れる鍵を見ようとしたのではないか。それは、侍の面目など洒落のめして生きる『とんでもねえ野郎』にも見られるが、最も初期の作に鍵があった。

『合葬』は、徳川の終焉、上野戦争で滅びた江戸の風物万般と、戦に巻き込まれて死んだ若者たちへの葬送の書である。

その一人のプロフィールに短く「柔順安気」とある。杉浦日向子が求めた江戸の心を追って作品を順に遡り、無責任とも気楽とも違う「安気」にやっと辿りついた。それは、安気ではおれない現代人へ江戸から届いた、柔らかな批判と伝言にも思える。

西日本 2005.9.16

「星の王子さま」ふたたび　記憶の底から……「青春の書」

『星の王子さま』サン＝テグジュペリ

内藤濯《あろう》訳の『星の王子さま』（岩波書店）の著作権が切れて新訳版が次々と出た。倉橋由美子訳（宝島社）と池澤夏樹訳（集英社）を買ったのは、読み比べよりも、むかし読んだ本を年経て再読したいという思いからだった。

王子さまと初めて出あったのはジェラール・フィリップの声に導かれてだった。仏文の授業にプレイヤーとLP盤を持参して聴かせてくださったのは詩人の窪田般弥先生だったと思う。一九六一、二年のころである。

「わが大学も語学教育のためのLL教室を設置」というわけで、特別授業があったのだが、機器に慣れない先生は人間ラボ授業をされた。パスカル専門の教授は学生と一緒に歌っては、モンタンのシャンソン指導をされ、別の老教授はボードレールの詩「酔いてあれ」を一杯きこしめした顔で朗唱された。

そんなこんなで、私たちは読み書き劣等生のままで当時流行のサルトルやカミュ、あるいはコクトウやブルトンを翻訳本で読み論ずる怠惰な第二部仏文科の学生であった。

時は安保闘争の直後、構内にはタテカンが、新宿周辺にはまだ戦後の名残らしきバラックの飲食市場があったし、喫茶店ブンカの街には混沌とした熱気が渦巻いていた。芸術全般にアングラ文化と呼ばれる時代が近づいていたのである。青春は大学の外にあった。

そんな日々、たまに出た授業で聞く「Le Petit Prince」の響きに生意気な学生達も静かに耳を傾けた。王子の声は映画『禁じられた遊び』の少年だったらしい。

先生はいわれた。「日本では、青春の書というと長くジイドだったが、向こうではアラン＝フルニエやこのサン＝テグジュペリがよく読まれる。一人は第一次大戦で戦死、もう一人は第二次大戦を体験して行方不明。二人とも不安な時代の中で、幸福の影を追い、人間を見つめた。他の作品を読めばわかるが、サン＝テグジュペリは童話作家ではないよ」

アラン＝フルニエの『グラン・モーヌ（モーヌの大将）』は文庫で何度も読んだが、サン＝テグジュペリの『夜間飛行』を読み、単独飛行士の孤独感を知るのはずっと後のことだ。

この授業の翌年だったか、先輩から『星の王子さま』という本を買っておいてと頼まれた。「カレの誕生日にあげるの」。そうなのか。以後、「カレ本」として分類される。

ま、私にも紅顔の仏文カレはいたが、慢性金欠の顔で「あれが分かるにはパスカルを読め」というので、私はカレ本を自分で求め、人なみの読後感を得たのである。

大学ではデモが続いていた。私は「学友の皆さん」でない怠惰なノンポリ学生だった。クラスの誰がカクマルで誰がミンセイかということを教えてくれる人がいたが、その意味を知らず、角丸、民生と思っていた。

彼らの部屋に行くと、煙草の煙の中で議論が続き、そっと本棚を覗くと『星の王子さま』が後向きに立っていた。やがて、大学闘争が始まり、卒業式は流れて、いつしか級友は散りぢりになった。

この本だけは、書店にいつでもあった。話も絵を覚えていて、よくプレゼントに使った。なのに、再読しようと思うと本はどこかに紛れて姿が見えない。十五人ほど女の知友たちに尋ねたら、ほぼ同様の話だった。

意外な回答。一人は、どの家にもあったので読んだが人がいうほど感動しなかった。以来、自分は何かが欠けているのかと、あの本の話題には軽いストレスさえ感じた。歳とって読めばよかったのかもねぇ、と。彼女は鈍感な人ではなく、現象への反応に正直なのだ。

もう一人は、本のことは知っていたが、買って読んだのは六十近くになって。著書の背景も少し分かっていたので心に響いた、と。たしかに、あの日先生はいわれた。「子供の童話と思ってはいけない。彼のほかの作品も読み、ずっと先でまた読みなさい」

私だって当時は新鮮な造本とブームにのったところがあり、本当に感動したのだろうか。新訳で読むと、大人を意識した倉橋訳の硬質な文と、現代の若者に向く軽やかな横組みの池澤訳。特に倉橋訳は女子供のプレゼント本という従来の見方をただすだろう。

いま、私はどちらを読んでも内藤訳の文が記憶から透けて浮かび、若い日は気づかなかった、著者の寂寥感に襲われる。

実をいうと、近年、話題になるたびに彼の全集を読もうとした。が、図書館の本で見た著者の顔がカルロス・ゴーン氏に似ていたので、棚に戻した。「かんじんなことは、目にはみえない」とあるのに、恥ずかしい。

彼は仏独の抗争から逃れた亡命先のアメリカで王子さまの初版を出した。そのような背景も知って著作を読めば、砂漠に不時着した飛行士が出あう無垢な魂に深く触れることができるだろう。それより私は、三月の地震で雪崩れた本の中から、むかし読んだ『星の王子さま』を救い出さねばならない。

毎日・西部 2005.9.30

屋根の上から始まった読書

「明窓浄几《めいそうじょうき》」という言葉があるが、清らかな机などせいぜい学生時代まで。長い間、わが狭い部屋も机上も魔都さながら。探す本は見つからず、ヘンな本がヘンな所から出てきて脇道にのめり込む。なに、本はどこでも楽しめる、とは経験から出たまことだ。

小学生のころ二階の窓から屋根に出たら先客がいた。中学生の次兄が干した布団の上で本を読んでいたのである。余りにも面白そうだったからせがんで読んでもらうと、笑いながら読むので聞き取れなかった。

その本は菊池寛という人の『屋上の狂人』だった。このとき、陽に当たった布団の上でする読書の幸福感と、菊池寛は面白いらしいということが刷り込まれた。

数年して家の本棚から菊池の巻を抜いてルビを頼りに読んだが面白くなくて、ただ大人の秘密をぼんやり覗いた気がした。『真珠夫人』を選んだのは題名にひかれたのだろう。

そのころは、親の手伝いから逃げるために隠れ場所でよく読んだ。当時住んでいた、鉄筋コンクリートの家の半分は家業の材木倉庫になっていた。住居と倉庫は相互に出入りできない構造だったのに、なぜか二階突き当たりの扉を開けると倉庫の一室に通じた。

秘密の扉を発見してわくわくしたが、そこにもまた先住者の痕跡が。座布団と梅干しの種がのった皿があったのだ。座布団の下から山手樹一郎の時代小説が出てきた。あの天然児の次兄が、自分でこさえた特大にぎり飯を食べながら読んでいたに違いない。私もこっそり読み始めると止められなくなった。

二階の銘木倉庫には滅多に人は来ない。翌日も学校から帰るとそこで続きを読んだ。本は母が禁じていた貸本屋のものだった。

次第に大胆になり、兄の部屋に入って本を探すと、敷きっ放しの布団の下に貸本屋の本が何冊もあった。一冊ずつ持ち出して窓の陽が陰るまで読み、元に戻した。だが、ある時、兄がいきなり私の部屋に来ていった。「おい、本ばあそこに置き忘れんとぜ」

兄が貸本屋から離れるとともに、私もあそこから卒業した。しかし、材木特有の匂い、細かな埃に当たる日差し、ぺちゃんこの座布団の感触から干涸らびた梅干しの種の色まで、今でもはっきりと覚えている。あそこは、私にとって最初の幸せな読書室であったのだ。

その後、成長するにつれて読書の内容も場所も気の向くままに変わった。親元離れた学生時代は自室よりも知友宅でした居候の留守番読書。おかげで早い時期に「夢野久作全集」に浸ることができた。目的のない雑読趣味は巡回居候時代に身についたらしい。

卒業後は本が読めるなら職を選ばず、短期の仕事を続けた。一番快適に読めたのは博多湾を埋めた建設現場の連絡所で、広い場所に一人自由だった。それまでの遍歴を書けば大長編になる。観念して定職についたのが大学図書館。その三十年に不満はないが、唯の本好きの読書とは一番縁遠い環境だった。

西日本・読書館 2005.10.30

読みかけの大作『ドン・キホーテ』ミゲル・デ・セルバンテス ——

誰にも、読んだつもりでいるが、実はきちんと読んでいない大作があるのではないだろうか。粗筋も文学史上の位置も知っているのに、そういえば、という古典が。

わが読書地図はそんな虫食いだらけだ。中でも私にとってセルバンテス『ドン・キホーテ』は、読まない愛書であった。小学生の時、人形さんごっこの家を本で作ったが、人形の応接間はいつも文学全集の『ドン・キホーテ』だった。

学生時代には、姉の岩波文庫を手にしたものの完全には読まずじまい。そのくせ、周辺への興味と知識のみは増していった。

ハムレット型よりドン・キホーテ型。「奇想溢るる憂い顔の騎士」という冠称が気に入ったのだった。あげくスペインに入れあげたのが三十代で、やっと堀口大学訳に惹かれて読んだが、知ったことは本狂いの弊害としあわせ。

今年は『ドン・キホーテ』出版から四百年。新潮社は新訳版全四巻（荻内勝之・訳、堀越千秋・絵）を記念出版した。発行日の一週間後に福岡市の書店三軒を回ると売り切れていて驚いた。そうか、今は偉大なる奇人が待望される時代かとも思った。

私利私欲のちゃちな奇人と違い、ドン・キホーテは狂気でも私欲のない崇高な奇人である。もちろん、国を憂えたのは作者セルバンテスで、古い騎士道物語にとどめを刺し、国民の目を覚まそうとパロディを書いたのだ。

ともかく、この四巻本を買って読まねば「わが殿」に申訳が立たない気になった。古典を楽しむ齢になったのだ。

よい買い物だった。訳文が読みやすくこなれていて、会話や洒落が生きている。本書では、リアリストの従者・サンチョは、主人を「襃《やつ》れ顔の騎士」と呼ぶが、本当に、その方が「憂い顔」よりぴったりだ。

本の大きさがベッドで読むのに丁度よい。一話は短いから寝がけにいいし、全部で七十四章もあるから読む先から忘れて何度も楽しめる。老い先の寝たきり読書に打ってつけの本だ。字が読めなくなっても、堀越千秋さんの素敵な絵を眺める喜びが残る。

それに、本書を枕頭《ちんとう》に置けば介護の人から大事にされるかも、なんてサンチョなみの打算も働く。奇特な本好きが一章ずつ朗読してくれるかもしれない。ま、老いてイカレた女と笑われるだろうが、それでいいのだ。

狂気に生きて正気で死んだ男は、人生は夢、死もまた夢、と思ったかどうか。旅の終わりは『ドン・キホーテ』に決めた。本書を番外にしたのは、楽しみを残して、まだ読みおえていないからである。

西日本 2005.12.25

わが〝読書漂流記〟本の森でお転婆になろう

「子どもこそは大人の父」と、十八世紀英国の自然詩人ワーズワースは詩に書いた。これは読書についても言えることではないか。

だから子どもに良書を、などと言うつもりはない。むしろ、夏休みには学校や親の選書からはみ出て、自分から本の海や山を冒険してほしいと思う。児童書の古典という本道にも薄暗い裏道にも、善悪を超えた本の愉しみが潜むことに、いずれ思い当たるだろうから。

隣家の塀越しに茂ったイチジクの青臭い匂いが強くなると、それが私には夏休みが近づく合図で心が踊った。とにかく学校から解放されるのだ。大きな愉しみの一つに好きな本を存分に読めることがあった。

戦中生まれ戦後育ちの子どもとしては、姉や兄のお下がりと親から与えられた本を暗記するほど読み、一部は心の糧として残りはしたが、ワクワク感とは少し違っていた。

たとえば小川未明の悲しい童話、坪田譲治の『善太と三平』シリーズ、『ノンちゃん雲にのる』、内外の童話集に偉人伝と、地味なものが多かった。地味中の地味に、父がくれた小ぶりの『牧野富太郎・植物図鑑』があり、これは成長しても見飽きることがなかった。幼時に野山で育った名残のようなものだ。

さて、夏休みこそは読書地図が広がるチャンスで、自分で買うこともできた。家族中で親交のあった隣の開業医、T家はまさにワクワク本の宝庫だった。引っ越したのちも行き来をし、泊まりがけの夏休みにT家文庫を読み耽《ふけ》るのは何よりもうれしかった。

お気に入りは少年版の『怪盗ルパン』ものと『江戸川乱歩集』。臆病なくせに恐いもの好きで、トイレにも行けず朝まで読んだおかげで、おぼろげに西洋のダンディズムらしきものを知り、妖しい心の秘密めく文学の扉を知った。その延長か、はじめて買った文庫本はシャーロック・ホームズものである。

これを夜の本とすれば、昼の本は冒険ものが多かった。『紅はこべ』では歴史活劇に、『ハックルベリイの冒険』では痛快なユーモアに、『十五少年漂流記』では少年だけの知恵で乗り切るサバイバル物語に我を忘れた。

なぜ、少年の冒険本に親しんだのか。それは私が内気なくせに、屋根や木に登るのが好きな〈ひとりお転婆〉の少女だったからだ。運動神経は鈍いのに野山や川でよく遊んだ。

少女本も読んだが、愛読したのはサンドの『愛の妖精』。これとて、「こおろぎ娘」と呼ばれる悪たれ少女が田園を駆け回るのが愉快だったからで、肝腎の「愛」の話がすっぽり記憶から抜けていたのがおかしい。

当世人気のファンタジー本は当時は少なく、『ナルニア国物語』や『指輪物語』はずっとあとになって知った。夏休みは野で遊ぼう、と言いたいが、きょうびはそれも難しそうだから、せめて年齢、性別にこだわらず、図書館の森で自分流の冒険をしてほしい。

ちなみに、『十五少年漂流記』の原題は『二年間の休暇』。元・ひとりお転婆の少女は、ワクワク本と共に最後の長い長い休暇を今も漂流中である。

西日本・読書館　夏休み特集　2006.7.23

異端のピンク・ドラゴン　阿賀猥の前半期作品を中心に

阿賀猥ほど詩人ばかりか、詩の権威さえも無効にする人は滅多にいない。「詩壇のノイズ」とも、「破壊的吟遊詩人」とも呼ばれるらしいが、それが支持の表明かどうかなど本人は意に介してないだろう。何しろ、人の見捨てるゴミのような言葉を拾い掬っては、トンコロコロと詩や詩のような破片を量産してきた。壊れた自動販売機のように止まらない。と言っても怒られないと思う。かく言う私は愛読者だから。

まずは第一詩集『猥について』（1985／紫陽社）の冒頭詩「世界」（全行）を。

水の上に咲く花
五色の瓦が屋根を彩る美しい家
軒下の雨の雫は七色に踊る
あなたは　太陽を小舟にのせて　ゆっくりと運ぶ
弟は空に浮かんで　とてもややこしい数学を楽しむ
上等のケント紙は弟にあげよう
私は浅瀬に足を浸したピアノで　朝について記した新譜を奏でる
闇を知らない無知な朝たちが　水辺を這い空中を浮遊し
日常のすべてを晴朗のベールでおおう
私達はそんな世界にいた
遠い昔だ

ここに見る阿賀詩の「世界」は無毒なばかりか、叙情的でエレガントである。これは編集者・荒川洋治の選択配置か。しかし、同詩集の中盤あたりから次第に阿賀色が濃くなる。次は詩集の最後に置かれた長詩「猥について」より。

窓の外側に13本の木があり
その一本一本に各々13匹位の、合計169匹位
の大勢の蟬がくらいついて鳴く
休まずにじんじん、じんじんじんじんと鳴く
——命をおくれ、命をおくれ
真実も善も美も要らないから
もう何にも要らないから
そのかわりに命をおくれ
どうしても　それをおくれ
不幸でも猥雑でも卑猥でも構わないから
それをおくれ——
（最終連）

すでに阿賀詩路線のレールが敷かれている。集中の数篇にはナンセンス詩句、強迫的な反覆、知的ミーハーをくすぐる引用などが見られる。とにかく、冒頭詩にあるような、「私達」がいた「日常を晴朗なベールでおおう世界」を離れるのだ。そうして、「真実も善も美も要らない」阿賀猥として出立、けなげな毒とナンセンスとの猥詩道を進む。

三年後に同じく荒川編集で第二詩集『アガシ1988』を上梓。先の引用詩での望み通り、家族のような人たちの不幸のようなもの、私の内なる黒い悪のようなものが、ノンシャランとうたわれる。奇妙に明るく、奇妙にかなしく。

私は額にベン毛を生やしている
異様に長い、私の影の先を越えてゆらめく
ベン毛

そのベン毛を揺らせて私が踊ると
世間が笑う、私も笑う
が、あなたは笑うことができない
あなたは尻に長い尾を生やしている
細かな毛の密生する尾をゆらせてあなたは
美しいと思っている
その尾をくゆらせてあなたが踊ると
世間が笑う
が、私は笑うことができない

（後略「尾」より）

詩集題『アガシ』は「阿賀詩」。阿賀猥は詩の狭い世間でも異端である、との表明だろう。「カカト」という詩から引く。「私はその時私のカカトから落ちた／カカトからズルズルずり落ちて行き、底のような処に着いた／1988年2月のことだ／（中略）私を侮って笑う者の声が聞こえる、／マリで遊んでるの？／おハジキしてるの？／ナイフ投げ？」

こうして醒めた目で自己と外のズレを相対化しながら、ナオコという本名を捨て、阿賀猥を演じ続けることになる。ただ、どちらが仮面《ペルソナ》であるかは読者たる私には同じことだ。

——ナオコさんいませんか？
そこにナオコさんいませんか？
いませんか？
いませんか？
もういらっしゃいませんね。

（「狩人」最終連）

このような彼女の作品を私は発行時に読んでいたのではない。阿賀猥という名を知ったのは、十五年ほど前、「現代詩手帖」の月評欄に谷内修三が書いた文によってだった。相当な論客らしいが、男女の別も作品も知らなかった。

そこで「ＪＯ５」という詩誌を知人から二冊もらって読んだ。造りといい内容といい、一見パロディと本心の境界がない破茶滅茶さが面白かった。表紙には安手のキューピー人形が三人、「幸福教」の旗か襷を付けてラインダンス。そう、日本は一億総中流の「幸福病」に取りつかれていたのだ。

もう一冊にも、皮肉と毒、笑いと本音、怒号と優しさが溢れていた。有名無名の作品合評実況録は、「バトル」との評判通りに直球、珍球入り乱れての賑やかさだ。


そうして、多くの掲載詩がアッケラカンとしているわりに、阿賀猥の繰りだす批評発言の引用、援用の多岐にわたることに驚く。ラカン、ガタリ、チョムスキーなど時流の学説から文芸、心理学はもとよりヘビメタのロックまで。これは、谷内氏の言うように多分にハッタリなのか？　いや、ハッタリではなく、いささか強引なだけと後に思う。

性別年齢、作品の巧拙、一切不問の自由奔放さに暫し読みふけった。詩誌の毎号のタイトルが「怪鳥ジェーン」、「馬鹿の手口」、「邪道ピクニック」など人を食ったもので、豊富な内容に比して定価３００円の安さ。まさにチープとキッチュ、ヒップを地で行くような雑誌だが、それだけか？

詩のアンデパンダンを標榜する、空騒ぎに近い詩誌は他にもあるだろう。善なる小魚の群れ、コケ脅し、など。けれども、それとは違う何か。この逸脱を恐れぬエネルギーの素は阿賀の発するものにある、と思えた。作品よりも、欄外に開陳されるはみ出し解説と論が、笑わせながらもしたたか、通説をはぐらかして盲点を突く。いま、邪道というラベルを貼って安心する人もいよう。

ナンセンス詩にもまして興味深いのは彼女の評論エッセイだった。評論は、小さな猛禽が獲物に跳びかかるように痛烈だ。相手の大きさなどお構いなしだが、新参者や弱者には細やかな配慮がうかがえる。何よりも自称ゴミ詩と批評の知力が補完しあっているのだ。これが、「馬鹿の手口」？

阿賀猥の面目躍如たる、そして卓抜な評論集が『不まじめな神々』（詩学社／1996）である。村上春樹、三島由紀夫、J・バロウズ、トマス・ハリスなど、小説家と詩人を組合せて論じたもので、阿賀流の力わざだが、けして不真面目ではない。大家に向かうほど舌鋒鋭く、辛辣だ。

中で、「足の裏―谷崎潤一郎『瘋癲老人日記』と小柳玲子の詩」は、意表を突きながらも説得力があった。足裏崇拝の谷崎美学と詩人の足裏対比。詩人が隠している黒い足裏がカンのよい小柳の目にはすぐに見えてしまうのだ、という見解が率直で珍しく好意的。また、「天使―ハンス・ヘニー・ヤーン『鉛の夜』と駒田克衛」では、ドイツの反ナチス文学者の黒い小説に言及しての善悪論が世間の常識を覆す。

初めに善を言いたてることこそ悪、という善悪反転論は乱暴なようだが、ヒトラーからブッシュまで彼女の世界認識として今も一貫している。天使の姿に潜む邪悪な黒いドラゴン、輝く海の底の虚無、世間に溢れる鈍感な善意識の害。

この視点こそ彼女の根っこにあるもので、あの同時多発テロの後にいち早く出した「JO5・テロと貧乏」には、その真骨頂が性急に発揮された。この女性三人の対談は、まだ「国営NHK」がテロのみを悪、ブッシュが善の代表のように報道し、多くの詩誌にテロは悪、アメリカは被害者と見る反テロ詩が続々と書かれていた初期に一人敢然と真の悪を見定めて論じたのは天晴れだ。

その欄外注記には、ケインズの市場経済論から古今東西の政治思想と、例によって少々偏った博覧狂気の引用、援用ぶり。新しい詩の替わりに、旧作「大菩薩峠」を収録。「竜ちゃん、竜ちゃん」と人を殺すことに憑かれた机龍之介に呼び掛ける詩が、この号には淋しくも妙に似合っていた。

多くの詩作愛好家は目を剝くだろうが、阿賀は詩に真善美を求めず、詩であるかどうかさえ問題ではないのだ。だからこそ、トンコロコロ詩が際限なく生まれる。私も少しは真善美を信奉した。だが、多くのありきたりの真善美を標榜する（しなくても）詩誌が凡庸な退屈さと一人よがりの自己完結を見せる時に、今更、現代詩の閉塞もないだろう。

彼女は退屈な詩集を睡眠薬の代用にすると言うが、私は阿賀詩の連なる断片をトロトロと安定剤に愛用する。想像力がほどよく刺激されて、「カカトからずり落ちながら」眠る。この異端の詩人の全貌は、詩と評論エッセイと阿賀族の座長としての三位一体にある。作中に実名出演するイラスト担当の阿賀ファミリーと麗しきダメ連を率いての全表現はウェブでも覗けるが、活字人間の私はたまに開く程度だ。

主に触れた前半期の作品集では、詩と散文の合体『ラッキー・ミーハー』（１９９３）が、イラストと共にキッチュの破壊力を一番溢れさせて魅力がある。２０００年代に入ってからの『揺るがぬヘソ曲がりの心』、『山桜』、『ナルコ姫』（全て思潮社）を、私は「阿賀族と亡夫三部作」と呼びたいが、神妙な体裁の『山桜』よりも、『ナルココ姫』が阿賀猥らしい愛情の亡夫追悼になっていると思う。
嫌われることを恐れぬ、そして心やさしき阿賀猥よ、おはじきしてるの？　機関銃に装填してるの？

「詩学」No.674　連載　女性詩人のよこがお（第3回）2007.4

対談の妙味

対談形式の出版が盛んである。書くより話す方が著者にも編集者にも楽なようだが、実際はそれほど安易なものでもないだろう。

最近では、上野千鶴子と宮迫千鶴の対談、「多型倒錯」が面白かった。パターン化した男女観や家族観にはおさまりきらぬ柔軟果敢な女二人が、各人の生き方をめぐってつるつるとからんだり、ほぐれたり。副題は、二人の名前から鶴をとって「つるつる対談」。

アンチをも内包するフェミニストとしての上野が一応は舵取り役となり、ずっこけた分だけラディカルな宮迫の資質をよく引き出している。笑い転げて読んでいると、突くべきところはちゃんと突かれている。

よそでは相当に過激な存在である上野も宮迫が相手では、はぐらかされ、逆手を取られ、いつしか形勢が逆転していくところ、双方なかなかエンタテイナーでもある。

以前に読んだ深沢七郎の対談で、文化人相手には精彩を放つ、氏独特のとぼけた味が、山下清や北村サヨを相手ではお株を取られたようにみえたのを思い出す。組み合わせによって変わる役割の面白さだろう。

対談の妙味は共感と反発の振り子作用にある。相手の発言をなぞり合うだけの対談や、啓蒙の下心のみがちらつく対談が概してつまらないのは、自分をあまり語ってないからだ。

「つるつる対談」の一番の手柄は、二羽の鶴を自在に舞わせた男性編集者のコーディネーターとしての才にある。ちなみに、この本を推薦してくれたのは男性であった。だからどうした、と言われればちょっと困る。

西日本・風車　1986.2.25

ハカタ・猫町

よく知っているつもりの町で道に迷い、三十分以上も彷徨《ほうこう》したことがある。福岡市中央区の旧県庁裏から渡辺通に出るのに、春吉の一画を斜めに抜けて、と思ったのがまちがいであった。

いつもの道から一つ手前の筋を曲がったばかりに、その後で何度曲がり直してもみても方向を取り戻すことができなくなってしまった。道を尋ねるにも、歩く人を見かけなかった。逢魔が時とでもいうのだろうか。

まだこんな所があったのかと思われるような古い木造の家々が寄り添う小路を歩き回ったあげく、やっと脱出した。格別の方向音痴でもないのに、この界わいでは二度も迷ってしまった。

「猫町」という萩原朔太郎の短編がある。作者は、慣れた散歩区域で、ふとした錯覚から道に迷ってしまう。また、似たような方位喪失感から、旅の山中で猫だけがすむ町に迷いこんだ時の幻覚めく話が語られている。

都市計画化の進んだハカタの街でも、まだあちこちに人を迷わせる猫町が残っている。前からばかり見慣れた人の後ろ姿にとまどうことがあるように、街にもそれぞれの後ろ姿がある。そして、人はどこかに軽い不安と戯れたいという性情をもっていて、思いがけない猫町体験を楽しんでいるのだろう。

筑波学園都市に転勤した知人からの便りにこう書いてあった。「大学と横丁が同居する町が恋しい。この新しい町に、老人と犬猫を見かけないのが恐ろしい」と。

西日本・風車　1986.3.8

本をめぐる出会い

出版業界では、四月二十三日を「愛のサン・ジョルディの日」と名づけ、本と花を贈る日としての催しを毎年実施するそうだ。

なにごとにも愛という言葉をかぶせるのが好きな国民とはいえ、バレンタインデーのようにうまく当たるかどうか。いずれにせよ、花や本を贈る習慣は悪いことではない。

もともと、本を贈ったり貸したりして感想を述べ合うことが恋愛入門の第一課である時代もあったのだ。学生だったころ、男子学生から岩波文庫の「共産党宣言」を贈られた女子学生が、それこそ贈り主の愛を読みとるように大切に扱っていたのを思い出す。以来かなり長い間、私はこの未読の本のタイトルに青いリンゴのような上気するものを重ね合わせずにはおれなかった。

私にも、一冊の本を仲立ちにした幾たりかの人々との貴重な出会いがある。それは、読者同士であったり、愛読した本の著者であったり、私の本を作ってくれた人であったりする。そればかりでなく、すっかり忘れていた自分自身に巡り合うことさえあった。

ある日、私の母校の小学校で図書委員をされる方が一冊の古い本を届けてくださった。それは、廃棄処分になった図書室の本で、中国の奇談を子供向けに翻案したものであった。事情が飲み込めずにいると、その人はいたずらっぽく笑って表紙の裏を示された。

ブックポケットの貸出票には、先生の名前に続けて私の名前が記され、後は空白である。その本は三十年間、誰からも借りられずにいたのだ。幼く下手な字を眺めながら、はるかな分身が還るべき所に今戻ってきたような思いにとらわれた。うれしい贈り物だった。

西日本・風車　1986.4.1

現代の相聞歌

「待つ間の長さ　身のつらさ　時のお腹は蛇腹です」と詩に書いたのは堀口大学であるが、ランデブーなどという言葉があった良き時代がしのばれる。

もっとも、今のデートであろうが不倫の恋であろうが、この思いに変わりはないだろう。最近では、俵万智という人の現代短歌が印象に残った。

・君を待つ朝なり四時と五時半と六時に目覚時計確かむ

張りつめた胸の秒針の音が響いてくるようだ。この若い女性歌人は、今年の角川短歌賞を受けた高校教師ということだ。短歌などめったに読むこともない私だが、たまたま友人がくれたコピーで百首ばかりを興味深く読んだ。

・「嫁さんになれよ」だなんてカンチューハイ二本で言ってしまっていいの

・「今日で君と出会ってちょうど500日」男囁くわっと飛びのく

この人の歌を現代の相聞歌というなら、あふれる思いだけでなく、潔さと覚めた目と、軽い毒とが少しずつまじり合っている。短歌界では恐らく賛否両論だろう。これからどのような歌風に固まるのか分からないが、短歌特有の結社的雰囲気や古語的格調などを小気味よくかわした作品群に、三十一文字が現代に生き残るに足る活力を、私は感じる。

・愛人でいいのと歌う歌手がいて言ってくれるじゃないのと思う

なかなかどうして、詠んでくれるじゃないの、と思った。変化球ばかりをあげたが、実はこの人の直球の歌の方が好きだ。

・吾をさらいエンジンかけた八月の朝をあなたは覚えているか

西日本・風車　1986.7.5

スペインの固ゆで卵

M・バスケス・モンタルバンの本を読むまで、スペインに推理小説があるとは知らなかった。実際に、スペインではこのジャンルの歴史は浅く、数も少ない。モンタルバンの邦訳は「楽園を求めた男」（創元社）と「中央委員会殺人事件」（西和書林）の二冊だ。

モンタルバンはよく、スペインのチャンドラーと呼ばれる。たしかに、主人公である私立探偵のペペ・カルバイヨが女好き、グルメ、非情とくれば、アメリカン・ハードボイルドの流れをくむといわれるのも道理である。

けれども、一スペイン・ファンの興味を抜きにしても、ありきたりの推理小説としては読み過ごせない。少なくとも、バルセロナに事務所をもつカルバイヨはそれほど無邪気な探偵ではないのだ。この探偵は元共産党員で長くアメリカに亡命していた。そういう経歴のせいか、彼の性格は幾重にも屈折している。彼には、党員時代の蔵書をまきの代わりに暖炉で燃やすという自虐的なくせがある。

モンタルバン自身がスペインの人気作家であるばかりでなく、スペイン共産党カタルニア支部の執行委員という肩書をもつ人だそうだ。カタルニア地方といえば、その中心地バルセロナは古くからマドリードに対抗して、自由独立の気風高い土地である。

つまり、作者が書いているのは、急激な転換期を迎えたスペインの現代社会史である。カルバイヨの登場が一九七五年、独裁者フランコの死亡年であるのは意味深い。

今年はスペインの内戦から五十年。その参戦体験から名作を残したヘミングウェーが、ハードボイルド文体の始祖であるのも何かの縁か。中庸がないといわれるスペイン気質には、半熟卵など合わないのだろう。

西日本・風車　1986.9.27

本のゆくえ

アメリカの小説家、ブローティガンの作品に「愛のゆくえ」（邦題）というのがあった。物質文明社会からドロップ・アウトした若いカップルを通して六〇年代アメリカの側面が語られていたのを覚えている。

アンチ・ヒーローたる主人公は図書館員である。職員といってもただ一人で、彼は世捨て人のように図書館で暮らしている。そこは、人生のやさしい敗北者が自作の本を納めに来るための図書館である。

人々は自分の本を勝手に書架に置き、登録することで満足して帰っていく。たまった本は、いずれ遠くの洞くつに入れられる運命にある。それでも、彼らは一冊きりの本をひっそりと納めに来るのだ。

もちろん、物語の主題は反図書館でも反出版でもないのだが、ここには、本来の自費出版における一面の真実があると思われる。そして、あちこちで自費出版の甘えの罪を耳にするたびに、この物語を思い出す。

自費出版の本を送られ、あとで礼状も寄こさぬとの非難を受けた人の話をいく度か聞いた。また、返礼がわりの感想を手紙に書いたら、それが無断で相手の同人誌に掲載されたり、私信であるはずの礼状を集めて印刷した小冊子が配布されたという話もある。

どの例も男の詩人であるのが意外だった。常々、男性詩人に好まれる言葉が「含羞」というのは、こちらの思いちがいだったのか。

出した本のゆくえが気になるのはだれしも同じこと。先の小説のようにひっそり、とではすまないのも当然だが、手を放した本の反応にあまりこだわりすぎるのは見苦しい。せめて、自費出版は自恃出版、くらいの潔さを秘めておいてほしいものだ。

西日本・風車　1986.10.30

ラテン・アメリカの熱き語り部

ラテン・アメリカの文学は、今なお熱い。洗練と実験を繰り返したヨーロッパ文学は、末期的神経症を呈しているというのに。

このことは、政治的風土の熱さとも無関係ではないだろう。コロンビアの作家、G・ガルシア＝マルケスの『戒厳令下チリ潜入記』（岩波新書）を読んで、そう思った。チリの反革命の時に亡命した映画監督、ミゲル・リティンの語る祖国潜入体験を、マルケスがドキュメンタリーに仕立てた本である。

リティンの目的は、現在のチリのあらゆる姿を記録映画に撮ることであった。アジェンデなき後のピノチェト独裁政権下で、彼は国家警備隊の監視をくぐり、ゲリラ的行動力と、性別、世代、階層を超えた人々の協力を得て、祖国の現在をフィルムにおさめる。

潜入に際して、彼は別人になるために、毛髪をぬき、禿頭部《とくとう》を広げたりまでした。変装したリティンにあるものは、偽りの名前、身分、経歴、そして偽りの妻。けれども、暗さがないのは、偽りの身の奥にある一点の真実、祖国と同胞への愛が自己の品位の証明となっているからだろう。

ここでの物語は、あの魔術的想像と現実が同一に混在する、マルケスの語り口から隔たっているかにみえる。が、マルケスは以前、自分が書くものでラテン・アメリカの現実に基づかないものはないと語っている。彼が新聞記者出身で、政治問題にも行動力を示した骨太の作家であることを再認識させられる。

本の帯に、こうあった。「チリの問題をぬきにしても、この本は実に面白い。まるでスパイ小説か冒険小説を読むような…」。そうだろうか。いくら面白くても、チリの問題をぬきにしたら、リティンが何のために危険を冒し、マルケスがなぜこれを書いたのか、その意味は失われてしまう。

西日本・風車　1987.3.9

思いがけぬ再会

先月だったか「海人」氏が書かれたこの欄で、忘れがたい人物に思いがけずも再会した。といっても、小説の若き主人公である。

アラン・フルニエの小説、「モーヌの大将」をわが二十代に幾度くり返し読んだことだろう。モーヌに初めて出会ったのは、夏期休暇に入る前の大学の掲示板であった。前期の仏語の読本に指定されていた。

その教科書を遅れて求めた私は、怠けた分を帰省中に取り戻すつもりでいた。しかし、肝心の仏語の部分ははかどらず、物語と主人公に魅かれて新潮社の文庫本で先に読んでしまった。

中部フランスの田舎を背景に描かれた、夢想と現実を区別しない少年の冒険や早過ぎた結婚による愛惜の日々。幻であれ、現実であれ、人生の早い朝に垣間見てしまった幸福な夢の刻印に引きずられて、モーヌはさすらい続ける。

夏が過ぎて学校に戻った私は、その本が隣のクラスの教科書であったことを知るが、自分のへまぶりにそうがっかりしなかった。もうすでに、この一作を残して行方を絶った著者のフルニエも、作中のモーヌも読後の胸に濃い光と影を刻みつけていたからである。

二年前に、新訳版が原題通りの「ル・グラン・モーヌ」として明治書院から出された。早速購入したが、先の文庫本とは別の訳者で、挿絵入りの装丁も値段もずいぶん豪華な本である。まるで、遠い日に別れた恋人がよそよそしく立派になって現れたようだ。そのせいかどうか、いまだに完読できないでいる。

なじみがたい一つの理由は、活字が横組みになっていることだ。縦から横になっただけで、こうも違うものか。もともと私が出会ったモーヌは、教科書で読んだ横組みであったというのに。

西日本・風車　1987.9.14

偉大なる悪ガキ・カポーティの宝

名声とスキャンダルに満ちた作家、トルーマン・カポーティが他界して五年になる。昨年は日本でも彼の本が続けて出版された。

作家には、一貫した作風を基盤にしていく人と、ある時期にその流れを大きく変える人とがいるが、カポーティは後者に属する。その変化だけでなく、作品世界と本人の与える印象とが彼ほどかけ離れて矛盾だらけの作家もほかにはそういないだろう。

一九四九年、「遠い声　遠い部屋」で衝撃的デビューをなした時、彼は十九歳であった。アメリカ南部の地方色を背景に、退廃と孤独な少年の震えるような感受性の交差するこの一作はたちまち各国にセンセーションをまき起こす。その時の本のカバーに載ったカポーティの写真が作品に劣らぬ論議を呼んだ。蝶ネクタイ、チョッキ姿で長椅子に横たわる細身の少年が挑むような目で見上げている。〝米文学界の黒い彗星〟にふさわしいスナップだ。

その後、彼が再度ブームの中に登場するのはノンフィクション・ノヴェルという新形式の「冷血」によってである。すでに「ティファニイで朝食を」の通俗的すぎる映画化で多くのファンを獲得していた。実際の殺人事件に取材した「冷血」では、それまでの少年と老嬢物に見られる繊細な世界は影をひそめる。

一方、実生活では各界有名人士との派手な交際、文壇を挑発する毒舌、型破りの言動で名を馳せていた。この大きな悪ガキ、悪意と毒をまき散らして年齢《とし》をとったキューピーのような後期の姿に、デビュー時の若鹿を思わせる写真を重ねることは難しい。

カポーティの終生変わらなかったものは、才能に支えられた自信とスキャンダル、それから、過剰ともいえる自己演出によって隠そうとした価値ある宝、即ち細やかな陰影に富む孤児の魂ではなかったか。「冷血」以後ついに大作を完成することはなかったが、五十九年の生涯がそのまま非凡な作品といえる。

西日本・風車　1989.2.7

拝啓　ヴェンダース様

　ヴィム・ヴェンダース様、あなたの映画「ベルリン・天使の詩《うた》」を観たのは去年のことでした。あなたが十年ぶりにドイツに戻ってつくられたこの作品は、ベルリンと人間に寄せるあなたの愛が詩情豊かに流れていて、世界各地で熱い称賛のうちに公開されました。

　私の国では全国のミニ・シアターで再映が続くという静かなブームがありました。多くの若者の間で。このことに私は少なからず驚いたものです。というのも、あの映画は単調なほどに地味でひっそりとしたものでした。疲れた中年男の姿をした天使が空中ブランコ乗りの美女に許されぬ恋をする物語でしたね。

　虚無的な天使の眼に映るベルリンの街が幾度も鳥瞰の映像で出てきました。ポツダム広場も、東西の壁も。地上の子供たちだけが明るくのびやかでした。象徴的な戦勝記念塔の上から、橋の上から、美しいベルリンの街と人々を見守る哀しげな天使の眼差しに、あなたの思いが重なっていました。

　ブランコ乗りに恋した天使は、天上と人間界を隔てる壁をついに破ります。あなたは、東西の壁もまた、と熱くひそかなメッセージを託しておられると思いましたが、こんな喜ばしい急転を予測されていたのでしょうか。あの映画は、あなたの「世界への呼びかけ」だったのですね。お国の報道をテレビや新聞で見るたびに、映画の冒頭に読まれた次の詩の一節が思い出されてきます。

子供は子供だったころ
じぶんが子供だなんて知らなかった。すべてに
魂があってすべての魂はひとつだった。

西日本・風車　1989.12.6

地球・煉獄編

　バグダッド空爆を伝える最初の映像とリポーターの声を同時通訳の声が追いかけている。聞き覚えのある声は友人のものであった。彼女の声をテレビで耳にして、内容とは無関係に私の気分が微妙にはしゃいでいるのを感じ、少し気がとがめた。

　友人の声は消えて、キャスターや評論家が次々に分析や予測を語っている。読みかけの本に戻ると胸に刺さる個所に出合った。戦時中、ダンテの『神曲』を講義し続けた矢内原忠雄が、終わりに『天国編』を思って洩らした感慨である。東京上空のB29攻撃の光景に触れて、こう語っている。

「その中の最後の一機に日本の戦闘機が群れて行ってこれを攻撃しているのを見たのですが、非常に美しい。あれが空襲でなかったならば非常に美しい。戦争であることを忘れるほどに美しかった」

　学のための学に終わらず、一貫して軍部に抗議と批判をし続けた人にして初めて口にしえた言である。この学者の思いをよぎった『天国編』の一情景は、同じ詩聖が『煉獄編』で歌った人力の栄えの虚しさと響きあう。

　湾岸戦争のパイロットは夜間空爆の様をクリスマス・ツリーのようだったと語ったそうだが、「戦争でなかったならば」と続く言葉が胸の内に消えたのかもしれない。

　国際会議の代わりに戦争報道の仕事が増えて複雑な気持だと友人はいう。彼女が停戦報道の通訳をする日を待つだけの身を恥じつつ、今日もテレビと新聞に目と耳を預けて終わった。

西日本・風車　1991.2.6

書物のゆくえ

グリーナウェイの『プロスペローの本』は、引用のたくらみと仕掛けが幾重にもほどこされた映画である。「世界は引用から成り立っている」、または「天才は創造しない、ただ利用するのみ」などという芸術論は彼のためにあるのではないかと思いたくなる。

映画は、シェークスピアの戯曲『テンペスト』に題材を得てはいるが、グリーナウェイ流の前衛化にとどまらず、世界の森羅万象を取りこむ二十四冊の本をハイビジョンという魔術的映像で登場させることによって、原作の枠も映画の枠も突き抜けた。

映画評はさておき、「孤島に持っていく一冊の本は?」という設問が流行ったことがある。文化の代表がとりあえず書物であった時代のことで、興味をそそるものがあった(一番面白くない回答は、聖書)。

学問と書物にかまけてミラノ大公の位を失ったプロスペローが孤島に携えたのは、サバイバルの知識と技術を習得するための本から思索や気晴らしの本まで。二十四冊の豪華な書物が繰り広げる目くるめく光景は、愛書家にとっては見逃せない場面だろう。

しかし映像の洪水の中では、世界の隠喩としての書物からもそれを自在に操るプロスペローからも、感動が見事に滑り落ちている。だからこそというか、書物が迎える絢爛たる大団円が最も美しく感動的というのは皮肉なことだ。書物・知への信頼とその崩壊という点から見ると、この睡魔に襲われやすい映画も別の見え方があるようだ。

西日本・風車　1992.3.31

図書設計

『図書設計』という小冊子が、日本図書設計家協会から出ている。図書設計とは聞き慣れない言葉だが、広い意味での装丁を主とするブック・デザインのことだと考えていい。

中国の出版物には以前からこの用語が見られ、さほどと思えぬ本の表紙にまで、著者、編集者と並んで図書設計・何の某と記されていたので、かえって印象に残っていた。

出版社のP・R誌や書評誌と違って、『図書設計』は本の周縁的なことを扱っている。装丁や編集レイアウトから文字、紙、印刷と、デザイン関係にのみ留まらず、造本の歴史から環境までなかなかに中身が濃い。

百三十人弱の協会員のほかに賛助法人を見ると、製紙、製本、印刷会社などで、出版社は見当らない。当然といえる。雑誌の発行元である協会は、図書設計家の権利擁護を目的とし、出版社の利害と相反することが多い。

具体的にいえば、デザインに関する著作権問題、装丁料への印税制導入、書籍バーコードのデザイン権侵害など、専門家しか気づかないことだ。その中で、装丁の印税制はもっと考えられていい。小出版社の内情を思えば全面的には無理でも、せめて売れ行き好調で大増刷の時には、デザインの功績も認めて報いることとくらいできるだろう。

と思うのも、よほど経済的に恵まれているか売れっ子でない限り、装丁の仕事だけでは生計が立たない切実さが地道なこの雑誌から伝わるからである。ただ、その表紙設計がいまひとつ、というのが惜しい。

西日本・風車　1994.8.17

食欲の記録

「駅前のすし屋で、鮪とあおやぎと海苔のすし一皿を食う。それからフルーツパーラーにいって、おしるこを食う。次に食堂に入って、魚の天ぷら、鰯団子、大根、こんにゃくなどのランチを食う。最後にパン・ケーキ・ベーカリーに入って、ミルクとケーキを食う」。すごい健啖ぶりだ。

これは山田風太郎の『戦中派虫けら日記―滅失への青春』に出てくる昭和十七年のある夕の食事である。戦時下の同年、二十歳の風太郎は故郷を出奔して上京、医学校入学を心に決めて三帖一間の勤労生活に入った。

彼は借金暮らしの中で、誘われて再三食べ歩きをしては「救いようのない馬鹿とはこのことだ」と書く。日記には、毎晩の読書、自立への不安と矜持などが内省的に綴られているが、翌年から食事の記述はぐんと減少する。書くにも、食料がなくなるのだ。

次は正岡子規の『仰臥漫録』から、明治三十四年十月一日の食事。「朝　ぬく飯三わん　佃煮　なら漬　牛乳五勺　菓子パン　午　まぐろのさしみ　粥三わん　みそ汁　なら漬　林檎一　ぶだう一ふさ　牛乳五勺　菓子パン　晩　親子丼　焼茄子　なら漬　梨一　りんご二」。とても重病人の食欲とは思えない。大体いつもこれ位の食事だから驚く。

食味文芸とちがって、この二人の異常な食欲の記録には感動さえ覚える。それは、かたや非常時の不安の中で、かたや衰えゆく生命の中で、人間に不可欠な食欲を偽りなく記録しているからだろう。

西日本・風車　1994.10.1

とろくらかん

『土呂久羅漢』（川原一之著・影書房刊）は尊い本である。想像を絶するような辛苦を負わされた人たちの姿を語って、これほど温かく救いにも似た印象を受ける本はめったにない。とろく・らかん、とろく・らかん、と優しい響きが澄んだ川音のように耳に残る。

宮崎県の山里、土呂久は亜砒素焼きの鉱毒によって村ごと侵されたところである。これまでにも著者は、村人の人生と訴訟に寄り添った記録文学を世に問うてきた。本書は、その人が十三年にわたって、患者さんたちの像を鑿《のみ》のかわりにペンで刻んだものである。

釈迦の高弟、羅漢は難行苦行を突き抜けたところに救いの境地を見出したといわれるが、この本でも、幾度か絶望の底に沈みかけた人々の姿が驚くほど輝いてみえる。

よくぞつけたり、笑観音、虫喰地蔵、夢繋不動尊というように、八人の像に贈られた称号がそれぞれの個性をよく表し、一人一人が自分のことばで生き生きと語る。まるで、のどかな伝承民話でもきくようなその語り口の魅力に、最後まで引き込まれてしまった。

もちろん、語らせるのは筆の力であるが、半生を土呂久の人々と同行した著者の信念と人柄あってこそである。添えられた木版画もまた、温かく力強い。「土呂久」が「とろく」という音の優しさに至るまでには、どれほど長い無念や怒りの道が続いたことか。修羅ともなったろう著者に今ふさわしいのは、野道に立つ童顔の道祖神である。

西日本・風車　1994.10.27

河童を生きる町誌

『田主丸町誌』は一地方の史誌を超えた画期的な本である。その成り立ちにおいても、豊かな内容と示唆に富む識見においても。

素人読者が専門家の評も待たずにこう言えるのは、この町誌を貫く貴い志の編集方針に感じてのことと思っていただきたい。人々の歴史は史家や為政者だけのものではない。本書は、記述に残らなかった普通の人々の営みを掘り起こし、その心までをすくいとるという、営々とした取り組みから生まれた。

以前に図書館を覗き、たくさんの史誌の類が全国の県から村まで、まるで文化行政の証のごとく出されているのに驚いた覚えがある。だが、仰々しい編集と画一的な造本は、まさにお上の本だとしか思えなかった。

「川の記憶」、「ムラとムラびと」と続く全三巻に一貫して流れるのは筑後川と水縄（耳納）連山の水系である。川べと山べの伝承、祭り、遊行芸能、漁業農耕、生態系など、大きな投網を打つように過去の記憶から今を生きることまで、暮らしの細部がなおざりにされることはない。ここにこそ行政単位の村と、人の心通いあう「ムラ」の違いがあるだろう。

感動したのは「河童を見、恐れ、愛し、生きる人々」の章である。河童をただ郷愁の伝説とせず、「鯉とりまあしゃん」の生き方に重ねて、個が失われやすい現代に河童を生きることのおおらかな意味が問われる。全巻に入った絵図や写真が美しく楽しい。さらに雅と俗に通じる装丁の品格は、本に携わった大勢の人々とムラの心をよく包んだ。

西日本・風車　1997.5.13

喫茶店文化

たまたま手にした週刊誌で、横山五郎という人の訃報を読んだ。この人を知らなくとも、東京・新宿の喫茶店「風月堂」の経営者だったと聞けば、ある時期の熱気と鬱屈《うっくつ》が漂う空間を、苦い懐かしさと気恥ずかしさを交えて思い出す中高年の人もいるだろう。

昭和三十年代の風月堂は、吹き抜け天井と二階席があり、打ちっぱなしのコンクリート壁に絵が掛かり、著名芸術家から文なし青年まで、五十円くらいのコーヒー一杯で何時間いても追い出されることはなかった。

この特異な名曲喫茶店のことは、色々な人があちこちに書かれ、昭和四十八年の閉店時には詩の雑誌「ユリイカ」にも特集されたが、その場と時代に無縁の人には、嫌なスノッブ趣味ととられるかもしれない。ただ、大学受験に上京した小娘には、この喫茶店が毒をもつ〈文化の魔窟《まくつ》〉と思われ、以来、学生時代の大半は喫茶店を経巡ることで過ぎた。

あの時代、全国いたる町々に喫茶店なる独特の溜り場があって、そこには恋愛も孤独も、談話も諍い《いさかい》も、生活とは別のあるものを醸していた。それは、夜の酒場とは少し異なり、強いていうなら発酵前の文化、あるいは文化の澱《おり》とでもいえようか。

近年、コーヒーはどこででも飲めるが、街のくぼみのような喫茶店が少なくなった。あの、熱い孤独と談論の行方はと思えば、多様な電話やパソコンに取って代られつつあると聞く。でも、どこか違う。

西日本・風車　1998.7.28

銀行員の詩集

晴れた日、屋根裏を整理していると、埃の中から、一九五七年版「銀行員の詩集」という本が出てきた。死んだ姉のものだ。

あとがきによれば、一九五一年から毎年発行されており、全国五十五行の銀行から投稿があったと記されている。当時は、会社のサークル活動が盛んで、文芸誌と合唱団が職場の二大文化だった。それでも、同業の会社が全国的な規模で詩集を編んだというのは、ほかにあまり例がない。すぐれた詩人で銀行員という人を知っているが、もともと、銀行には詩人を輩出する要因があったのだろうか。

この五七年版をめくると、詩人として高名な石垣りんさんも編集員に名を連ね、一般の投稿詩にまじって作品が出ている。さすがにその頃から光っている。選に入った二百十三編の詩は、ほとんどが暮らしと仕事への思いを真面目にうたったもので、現代詩としての創作性は、それほど高くない。

けれども、まだ戦後の貧しさをひきずっていた時代の健気な精神が律義に表れている。そう、算盤をもった銀行員は律義な労働者だったのだ。仕事と生活をうたった詩のどこにも、拝金主義の豊かさは見当たらず、かわりに小さな希望があった。

目次に見られる銀行のいくつかは、すでにない。近年のように銀行不祥事が続くと、銀行員に詩なんてと思われそうだが、詩は誰が書いたっていい。むしろ、今は、詩が似合う人なんてめったにいない時代なのだ。

西日本・風車　1999.7.31

「松原五人衆」の絵本

原爆の図で知られた丸木俊さんが、一冊の絵本のために哀切で美しいいのちの花を咲かせる絵を描いていた。『いのちの花』は、そのだひさこさん（福岡市）が、被差別部落の伝承と解放運動の拠点となった寺の過去帳をもとに、永年の思いを結実させた本である。

話は江戸時代。福岡市のある「むら」で芝居が上演されたとき、酒に酔って暴れた侍を五人の若者が打ち据えて逃げた。

藩の威信をかけた役人は証拠もないままに、この「むら」から犯人たちを差し出さねば「むら」を焼き払うと厳しく迫る。村長をはじめ人々は苦しい話し合いを続けた。それは、「肝のちぎれるようなよりあいやった」。

やがて、差別を受けてきた「むら」のために名乗り出た無実の五人が犠牲となり、村を救った。彼らの悲痛な最期と人びとの無念が、ぎりぎりまで削いだ言葉に凝縮される。「俺たちゃ　人間の腹からうまれた…」

この本の素晴らしさは、五つのいのちが消えた後にある。土手に何度も花を咲かせる彼岸花に「いのちのにぎわい」を見たむら人は、ついに「百年のおもいをこめて」、「松原五人衆」の墓を建てた。そして、「いのちはこのむらで　ずーっと生きた」のである。

二十代の初めに「むら」と出会った作者は、女はつとまらないと言われた促進学級の講師を志願し、以来三十四年余「むら」と共にあり、ひとりでも本を出すという熱意に俊さんが呼応した。簡潔で余韻のある文と香りたつ絵だけでなく、その経緯も感動的だ。

西日本・風車　2001.9.25

モノ語り詩集

新潟県の星野元一氏の詩集『モノたちの青春』（夢人館）は、帯文の通り「手がモノを作っていた時代の最後の物語」である。

そこには、ネンネコ、釜、縄、蚊帳など、戦中戦後、日々の暮らしと共にあったモノたちが、民具博物館的な懐旧の域を超えて、まっとうな生活の情景として蘇っている。

「膳」という詩。ラジオのニュースが流れる食事どき、揃ったみんなの隣にいつも空席が一つあり、飯も汁も菜っ葉も並んでいた。

「父たちは戦争だった／兄たちも／小さな四角の陰膳となって／家族の中にいた／みんな変わりないかといい／元気でいるから　といって／帰ってこなかった者までもが／母の手の届く所に座っていた」

哀《かな》しくて温かい。

「釜」の一部分。

「丁か半か！／といって蓋を開けると／出たのはさつま芋／出たのは豆／出たのは菜っ葉／時にはお化けが住んでいたりした」

この語り口に引き込まれて読み進むと、つつましいエロスが「蚊帳」に清涼な風を送るのだ。

「蚊帳は／二人のために作られた／小さな家も広すぎて／身を隠す場所がなかった／／入ってくるのは／父や母では困る／妹や弟でも／猫でも鼠でも」

本当にそうだけど、ふんわりと可笑しくなる。

「世界は新しければいい、というものでもないだろう」とあとがきにある。寡黙で含羞の人らしい著者に代わって、モノたちが言葉少なに言っている。どうだ参ったか、と。

西日本・風車　2002.9.28

町に恋して

親しんだ町名が消え、町の景観がのっぺりとしたものになり始めたのはいつからだろう。わが福岡市では、路面電車がなくなったころからではないだろうか。

わが家は大濠公園そばの電車道にあったので、親類の間では「電車道の」で通っていた。この電車道でモンローも見た、昭和天皇も見た。子供心にうれしかったのは家からどんたくの花電車が見えたことだ。町にはまだ暗闇が多かった。

やたら懐旧趣味に浸るのは禁物だが、愛読の一冊に『ゲイルズバーグの春を愛す』（早川書房）という短編集がある。

アメリカのゲイルズバーグという落ちついた町が現代化の波をかぶり始めたころ、今はないはずの路面電車が走るのを見た人がいたり、火事を消した消防車がポンプ式の旧型であったり、という不思議な出来事が続く。

作者ジャック・フィニィは、いわばマイナーの異色作家。どの作品にも現実嫌悪からくるノスタルジイが流れる。刊行時（一九七二）はわが町も大きく変わり始めていたので、共感も強かった。

ゲイルズバーグは「そよ風の町」の意。そういえば小学校で、福岡は「風がそよそよ吹く丘県」と習ったな。

西日本・本の森　2005.5.1

最初の授業

『最後の授業』はドーデーの名作だが、わたしの記憶に残るのはいくつかの最初の授業である。イヴリン・ウォーの小説もその一つ。大学一年で受けた英文学講読に、この作家の『衰退と転落』という英文の抜粋本があった。

主人公の青年はオックスフォード大学寮の乱痴気騒ぎのせいで退学処分を受けた後、どこかの教職につくが、ここでも笑うに笑えない事態を迎えて職を追われる。彼は始終ついていないのだ。期末にこの授業は途中で終わり、皮肉な話の展開が気にかかったままだった。なぜ新入生の教材に?、という疑問とともに。

後年、忘れた頃に偶然みた「ハンドフル・オブ・ダスト」という妙な映画がウォー原作と知り、あっと思った。またもや、望みもしないのにおかしな運命に翻弄される青年の物語だったからだ。

その後、くだんの作品が『大転落』の題で岩波文庫から出たので読んだ。英国流の諧謔《かいぎゃく》に満ちていた。当時新入生のための選択自体が諧謔だったと思う。当時は解らなかったが、吉田健一をはじめ、いわば通好みの辛味だったのですね。ほかに『黒いいたずら』、『囁きの霊園』などが苦い笑いを誘う。

西日本・本の森 2005.5.29

II

書評・国内編

人々の顔や気持が見える歴史学　『ヨーロッパを読む』阿部謹也

石風社

庶民の心性にまで省察

私達にとってヨーロッパとは何だろうか。日本の近代化はヨーロッパを手本として進められた。本、映画、芸術などから憧憬を交えて影響を受けた人も多い。駆け足旅行であれ、行けば随所で中世にできた建造物や町並みを見ることができる。〝まるで中世を旅するような〟という旅行社のうたい文句そのままに、西欧の歴史に触れた気になるが、あくまでも表面を撫でただけという思いが残る。それらの町にどんな生活があったのか知りたいと思う時に、『ヨーロッパを読む』（石風社・三五〇〇円）は当時の人々の暮らしにまで分け入り西欧中世の深層に読者を伴い、そこから現在を逆に照らし出してくれる。

第一章「死者の社会史」から「アルブレヒト・デューラーの自画像について」までの八章からなり、各章が一冊の本になる程に密度濃く多岐にわたる内容をもっている。どの章でも読者を引きつけるのは歴史学者としての著者の視点のせいである。その視線は為政者の歴史にでなく、常にその時代の庶民の暮らしや、人の心の動きに向けられており、時間・空間・モノという三つの枠の中での人と人との関係の歴史が説明される。

不勉強にして私は人の心性にまで省察を及ぼした歴史家をこれまで知らない。また歴史はあったことの叙述であり、なべて事例の列挙に終わる教科書歴史に魅力がないのは、歴史が想像を許さないせいだと思っていた。

幾何学の証明にも似る

氏は若い時にドイツ農村の史料を調べ、村の風景は目に浮かぶが、そこの道を歩く農民の顔と気持ちが見えてこないのに愕然としたという。当時の農民の顔や気持が見えるまでに歴史を掘り起こす。氏の魅力的で斬新な歴史研究の基本はここにあると思う。

膨大で広範囲な記録史料が縦横に駆使され、資料は想像と発見を伴って読み取られていく。一見意表をつく仮説とみえることでも、細部まで論証する氏の明晰さは幾何学の命題を証明する鮮やかさに似ている。どこにどんな補助線を引くかが想像力の問題だ。

この人の補助線は神話・伝説、伝承、グリム童話から文学作品にまで及ぶ。その方法が特に生彩を放つのは「笛吹き男は何故差別されたか　中世絵画にみる音の世界」の章である。ここで用いられるのは十五世紀の画家ヒエロニムス・ボスの絵である。

中世世界に新しい視点

前章の「中世賤民成立」では、迷信俗習が生きていた古ゲルマンの世界をキリスト教が一元化して取り込む過程で、差別された職業と差別を生む畏怖という心の動きが二つの宇宙という新しい視点から論じられた。その各論として差別された放浪音楽師をあげて、キリスト教が音楽をどう捉え器楽を排除したかが「最後の審判」、「音楽地獄」などの怪奇な絵から読み解かれる。またボスの皮肉な教会観も描かれている。

ボスの細密で百鬼夜行的な地獄・天国の絵の中には、差別の発端となった人間狼、大宇宙と小宇宙、動物との関係、男女の性愛、これまで著者が中世世界を開けた際の鍵がびっしりと描かれていて刺激的である。

「ヨーロッパ中世における男と女」の章では、牧師と姦通した女性を描いたホーソンの小説『緋文字』と、中世フランスの神学者アベラールと女弟子エロイーズの往復書簡集があげられる。ここにはキリスト教の説く聖性の規制に縛られず、欲望からの交わりも神聖な行為であるという、「愛の誇りのために生き」る女性がいた。著者はエロイーズに十二世紀ヨーロッパ社会のなかでようやく姿を現わした個人をみる。宗教をもたない私達が〈個〉を考える上で深い示唆に富む章である。

真摯で開かれた学究

これはヨーロッパ礼賛の本でもないし、学界に囲い込まれた歴史書でもない。謎にみちた中世ヨーロッパ史から、私達が生きる世間論にまでわたる本書は福岡市の出版社・石風社で行われた著者の講演記録集である。

つとに知られた一人の歴史学者が十年余にわたってほぼ毎年、目下研究中の初穂を百人内外の一般聴衆に披瀝する。公開講座は多いが、このような例は稀有なことだろう。石風社レクチャーのなりたちは人々の縁であるが、それが続いたのは阿部氏の真摯で開かれた学究の魅力のせいである。

阿部史学という言葉があるなら、これまでのその流れが辿られる貴重な一冊といえよう。読者はその河の支流で足を止めたり、また本流に戻ったりしつつ、ヨーロッパを遠く近く感じながらいま自分が生きる河口に導かれるのである。

西日本 1995.10.12

語り手の半生記読む思い　『球磨川物語』前山光則

葦書房

　これは、球磨川を愛し球磨川に育まれた著者が、流れを上り下り、山に入り、その歴史や風物から人との繋がりまでを綴った本である。まるで生い立ちにまで遡る大きな川の伝記を読みながら、いつの間にか私は語り手自身の伸びやかな半生の伝記をも併せて読む思いがした。まことに幸せな本だといえる。

　まず、球磨・人吉地方の〈ゆったりした風土〉と人が、シギョーさん、オケササさん、ニタモンクレ（煮たものくれ）などの呼び名をもつ乞食さんたちのことから語られる。

〈わたしは橋の下に住む乞食さんの息子と仲良しになり、小屋に遊びに行ってたが、その父親から百円札をいただいた覚えがある。昭和三十一年か三十二年のことだった。その頃の百円を、橋の下の住人が、遊びに来た少年に小遣銭としてくれたのである。当時、人吉市内の食堂で肉うどんの値段が一五円か二〇円であった〉というくだりなど思わず楽しくなるのだが、ただ少年時代の回想で終わらずに、乞食さんが住みつきやすい土地柄への考察に踏み込んでいくところにも氏の本領がある。

著者の私的体験に発する好奇心は、一方では資料文献への綿密な知の旅にも誘われる。そのことが〈五木のびゃァどん〉をはじめとする〈彦一〉とは一味ちがった民話の読みときにも、〈五木の子守歌〉を〈一種の怨歌〉と見る民謡の出自をとく章にも確かな筆の冴えとなり、読む人の心をつかむ。

そうして一本の川にさまざまな表情があるように、本には四季の清涼な風物詩もあれば、歴史文化の逸話もある。人々の飄々とした交流を交えた冒険紀行もあり、川への思いを共有する人がみな、ほこほこと温かい。腕白少年のトム・ソーヤーやハックルベリーが筏遊びに出掛けたまま、大人になって帰ってきたようだ。まったく、山に川によく遊ぶ人たちで、山童か川童の子孫かとうれしくなる。

水先案内人に憧れたマーク・トウェイン（水深二尋の意）は、トムやハックの冒険を通してミシシッピ川の物語を残した。今、わたしは前山光則という球磨川の好漢トム・ソーヤーの案内で、一冊の豊かな川の旅を源流までし終えたところである。風が心地よい。

熊本日日 1997.8.3

かたりの宇宙　『夜のヴィーナス』村田喜代子

新潮社

村田喜代子の短編集『夜のヴィーナス』（新潮社）には、日常にひそむ異界を覗く怖さと同時に不思議な安堵感を覚えた。

一体に夢の話は退屈だというのに似て、「面白い話」と前置きされる話も語り手が喜んでいるだけで、聞く側は興ざめなことが多い。それは内容が平凡で予想がつくか、逆に技巧が過ぎるからだったりするが、何より語りと表現の感覚に大きく左右されるだろう。

冒頭の表題作「夜のヴィーナス」は、イタリアの解剖人形を題材にしたもので、舞台としては著者の新領域といえる。しかも語りの常識を逆手にとり、「面白い男の話があるの」と切り出す更年期の女に電話で語らせて引き込む手並みは鮮やかだ。

内容は、ラ・スペコラ博物館の蠟人形ヴィーナスから恋された男の話だが、この一七世紀の解剖人形は医学の目的から逸脱した見せ物ともとれるような、美しい顔以外は臓物まで曝して解体できる精巧なものである。人形の製作意図はさておき、ここで語られることは怖いもの見たさの好奇心を超えており、想像の飛翔ぶりに意表を突かれる。以前この写真集を友人から見せられたわたしは、文字どおり皮肉を隔てる美醜に目を見張っただけだったので、感情を吹き込まれた人形をあらためて見る思いがした。

人形に恋した物語はあるが、その逆は珍しい。それも、この世のものでない美女から愛されたのは、語り手の従兄でフナ五郎とあだ名のつく、一見冴えない男である。彼の身辺には旅の間中、ヴィーナスからの愛のしるしと取れる異様なできごとが続く。

ここまでなら奇譚のひとつに過ぎない。しかし、なぜ彼が名画に描かれたような昼のヴィーナスでなく、おぞましい夜のヴィーナスを美しいと感じ、その思いに人形が応えたのか。なぜ「わたし」までが彼女をいとおしく思い、その空想が桃色の腸を引きずるヴィーナスに魅せられて深夜の親しい出会いをはたすのか。答となる後半の話は、作者の独特な女性讃歌となって幸福な余韻を残す。

けれども、わたしはむしろ他の短編に惹かれ、なにげなく始まるとっておきの夜話を聞く思いがした。それは、超絶技巧すれすれの変奏曲に感嘆したあとで、深い通奏低音の響く室内楽に身を委ねるよろこびに似ている。

これらの作品にも、日々をよぎる異常なできごとやふと心に射す魔が、欲のない潔さでからりと語られるかと思えば、ある時は微かな毒と謎を残しつつ声をひそめて語られる。

いずれにも夢や奇想とは言い切れないリアルな感覚が底にあって、著者の誘う異界がごく身近に思われるのは、現実に根を張った人々や情景の生きた描出による。

登場するのは美男美女でもなく、波乱万丈の成功者でもなく、生きるのが不器用だったり、少し突飛な性格であったりするだけだが、どこか痛みや影を帯びている。

「虚空」の、天地がくるりと逆転したような山の風景は騙し絵を思わせ、金策につまった男の身投げさえもひょいと風景に足をのばしただけで、飛び下りた空に手をあげて張りついたままだ。まさに空はからっぽで、哀しみさえ風にとばされる不思議な一編である。

「毒穴」、「茸類」など、山間の話が多く、山や人の向日部と微妙な暗部がよく描き分けられる。なかでも「馬光ホテル」の酔うほどに一族の男たちの顔が長くなる閑《しず》かなおかしさは類がなく、無口ながらしっかりと一家を包んでいる老母をはじめ、女たちの幻想的な馬との交歓が月光に浮かんで美しい。

こうして読むと、作家としての村田喜代子はどこまでも〈見る人〉であり、〈村田ワールド〉と呼ばれる虚実の境なく綴られた物語の魅力は、〈村田ワード〉というべき言葉の感覚にもあることがわかる。

この人が山を描けば、幼時のわずかな疎開経験しかない者にも山の気が迫ってきて山中にひとりいる情けなさに襲われる。この人が「ツクシ浄土」と呼べばうらうらと土筆の群れが広がり、「椎茸座敷」と書けば大きな耳をそばだてて湿った茸がさっと居並ぶのだ。

さて、ヴィーナス譚から始まった一冊は「ウェヌスの増大」で終わる。著者とおぼしき「わたし」と女友達とのフィレンツェ紀行と読むこともできる。

当然、著者はあの解剖人形に期待して会いにはいくが、あれほど執心だったわりに感動のトーンは低い。「命を持たないものを見る時間には限度がある。わたしはその空虚な時間に、やがて耐えられなくなった」のだ。

カラッポの模型の奥まで「もう見ちゃった」二人は、そのあと太陽と昼のウェヌスの絵をいつまでも見続けて満足する。折しも聖母マリアの記念日で、町中がヴィーナスならぬ生きたマリアたちで溢れている。

ここで冒頭の「夜のヴィーナス」に戻れば、想像に見ることと実際の違い、創造における昂揚の秘密が垣間見える。これは、前に躁状態の「わたし」が語った人形を村田喜代子の目が見て、語り直したものだ。だからヴィーナスとウェヌス（ヴィーナスの古典ラテン語）と、表記を変えてブックエンド式にした意味も浮かび上がってくる。

毎日・西部 2000.12.15

衝撃新た…時代の証言　『桑原史成写真全集3　筑豊／沖縄』桑原史成

草の根出版会

　写真集は過去を封印するが、開けば現在に続く時代の証人となる。私的な写真が小さな幸せの記録であるのに対し、報道写真は戦乱、貧困など大きな不幸の記録が多い。問われるのは写真の訴求力と作家の良心である。

　寒々しい土間の破れ七輪のそばに、穴のあいたセーターを着た幼い姉妹がしゃがんでいる。姉は、はにかみともとれる力ない表情を見せ、ぼさぼさ髪の妹はむっつりと俯《うつむ》いている。よく見れば、七輪に火の気はなく、盛り上がった鍋の蓋から覗くのは、芋でも雑炊でもなく、空の茶わんである。

また、バラック小屋の空き地でチャンバラ遊びをする少年たちや、ぽつねんと佇む浮浪児と変わらぬ姿の少女。黒光る破れ畳に見捨てられた卓袱台《ちゃぶだい》。生活保護費の支給に並ぶ人たち。それでも、まき割りをする女は逞しく、乏しい餅つきには青年の笑顔が見える。

「あったよねえ、そんな時代が」と、思い出す年配者もいるだろう。だが、これは敗戦直後の写真ではないのだ。背景にはボタ山と、ゴーストタウンのごとき炭坑がある。

　これらの写真は一九五九年に、若き日の報道写真家、桑原史成が撮った。当時、日本は高度成長期の入り口にあったが、日本一の産炭地・筑豊は、かつて石炭によって賑わい、石炭によって長い地獄を経験する。

いま、時代の証言たるこの写真集に、つよい衝撃を受ける。折しも「炭労」五十四年の歴史に幕が下りたばかりだ。桑原氏が一カ月かけて筑豊を撮影したのが二十三歳の時で、四十五年を経て初めて世に出されたことに驚く。

封印された理由は、同時期に同地区を撮った写真集が、六〇年に高名な先達によって出されたから。そう、土門拳氏の『筑豊のこどもたち』（築地書館）だ。そこに、あの同じ姉妹の姿を見た桑原青年はへたり込むほどに打ちのめされたという。その無念さ、察して余りある。

今でも、彼の写真のもつ訴求力に遜色はない。ただ若さゆえに、こどもに注ぐまなざしが大人の作家には及ばなかったかもしれない。以後、彼は三池の人々を追い、早くから水俣に取り組み、被害者と心通わせる地道な活動を重ねて、信頼される報道写真家として大成した。そのことは、この本の後半を占める「沖縄」からも充分に見てとれる。

ただ、私の妹世代であるあの姉妹は写真を今どう見るだろう。複雑な思いで胸が痛む。

西日本・読書 2004.12.5

米国詩人のことばの旅　『日本語ぽこりぽこり』アーサー・ビナード

小学館

本書は日本語をはじめとする〈ことばの国の探訪記〉。著者はアメリカ人だが、日本人より日本語が堪能などといっても、この本をホメたことにはならないのだ。

タイトルの「ぽこりぽこり」は、漱石の俳句「吹井戸やぽこりぽこりと真桑瓜」から。著者は長距離夜行バスの中で気になる詩集や新聞社説の「大きなお世話添削」を一人延々とやるらしい。

あるとき、彼はマクワウリを調べていてこの句に辿りつくが、「ぼこり」と記された本もみつけて困惑。「ぽ」か「ぼ」か、その違いをバスの中でこう考える。

「〈ぽこりぽこり〉で鑑賞して、ぼくは井戸のふき出る水の中に、マクワウリが一個、軽く上下しながら浮かんでいるのを想像した。ところが〈ぼこりぼこり〉とあれば、より重く、ちょっと乱暴に、というか不器用に上下している感じになり、複数のマクワウリがぶつかり合っているることも、十分考えられそう」。それとも、水自体がわいている音なのか？　と考える感度が鋭くてみずみずしい。

日米の擬態語や擬音語や方言、日常の単語の共通性と違いに読者も一緒に笑ったり驚いたり、ことばの旅は多岐にわたる。この人の身上は、好奇心のかたまり、柔らかな皮肉と上質のユーモアがにじむ思考と文。そういう資質は、お国のハックルベリーを生んだマーク・トウェインにも通じる。いわく、紫式部の二千円札は、世にも珍しい「弁明を要するマネー」である、と。れっきとした日本銀行券なのに、「すみません、これで…」となるからだ。さらにもっと根本的な指摘がつづく。絵は『源氏物語絵巻』の「月の宴」からだが、かぶさる文は「鈴虫」の巻からというチグハグさ。しかも、行を揃えた詞書《ことばがき》の下部がばっさり足切りされ、読むにも文脈をなさないという。折角、古典文学を採用しながら大蔵省とデザイナーの「御里が知れる」と憤慨する。身辺から〝雲隠れ〟した二千円札を確かめようもなく、耳が痛い。

ほかに、故郷ミシガン州での少年時代の回想はしみじみと温かい。二〇〇一年に氏は詩集『釣り上げては』で中原中也賞を受けた。その巻頭詩「猛獣使い」を思いだす。猛獣とはことばのこと。ことばの親和力と怖さをよく知る人である。

西日本・読書館 2005.4.10

歩く速さはいろいろに　『元治元年のサーカス　街道茶屋百年ばなし三部作』岩崎京子

石風社

アンダンテという音楽用語がある。〈歩くようにゆっくりと〉という意味の演奏速度を表す言葉だが、時代によって歩く速度は違うだろう。本書を読むと、街道を流れた時間に思いが巡る。

物語の舞台は、幕末から開化期の横浜鶴見地区の街道筋。一膳めし屋「ろくいむ」の看板娘、十二歳のおけいが出会った人々の珍談や村の出来事が悲喜こもごもに語られ、どの短編も読み飽きない。

もちろん、ゆっくり歩く人ばかりではなく、早馬も駆ければ、大名行列も通るし、わけありの新内流しから、うわさ好きのおかみさんや血の気の多い若者まで、人の道の歩き方はいろいろ。「黒船・蒸気車・異人さん。ニッポンがまだ初々しかった時代の横浜市井人情譚」とは帯の一節。転換期の庶民と著者の好奇心がうまく重なり、人物も会話も無理のない文の魅力で生き生きと動く。

軽業師《かるわざし》志願の少年と舶来サーカスことはじめを描いた表題作も面白いが、お伊勢参りを題材にした「犬の抜け参り」が、信心にかこつけた当時の物見遊山の道中記に、現代の団体ツアーがだぶっておかしくも楽しい。

何しろ大旅行だから、積み立て講で費用を賄うにしろ、準備だけでも大わらわ。そこで御師という神官まがいが手形や宿の手配など道中の一切の世話をする。ツアー・コンダクターと同じだ。

子供だってついて行きたい。平吉と太市は着の身着のままで、おとっつあん達の後から抜け参りに出立。みじめな難儀の中にも人の情けを知り、道連れとなる犬との珍道中がけっさくだ。お札を首につけた殊勝な代参犬の姿に街道沿いの人もほろりとなる。

江戸と横浜の間《あい》の街道だけでなく全国の街道に、お上の大変時にも庶民には庶民の明け暮れがあったのだ。困窮の中でさえ楽しみの達人でおれるのが庶民である。

あと二巻は『子育てまんじゅう』、『熊の茶屋』。鍛冶屋、紺屋などの働く様に見惚れつつ三部作の街道を歩いていると、おや、懐かしい言葉が耳に。「へえ、玄界灘に面した、よか港町ですたい」。筑前芦屋から船を仕立てて有田焼きを売りに来た茶碗売りだ。

著者は、『かさこじぞう』や映画にもなった『鯉のいる村』で知られる児童文学者。三十余年前に舞台となった小千谷地方の風景が中越地震の後テレビに何度も流れた。本書と同様、アンダンテの速度が生活の基にあった頃の話。

西日本・読書館 2005.6.5

木は鉄よりも強し… 『宮大工棟梁・西岡常一「口伝」の重み』西岡常一

日本経済新聞社

西岡常一は「最後の宮大工」と呼ばれた棟梁で、古寺や仏塔の修復、再建に当たった。この明治生まれの大匠が没して十年になる。

本書は著者が綴った虚飾のない履歴と関係者が語る肖像の二部からなり、常識を覆す意外性に満ちていて、読後には豊かな大樹を見るような感銘が広がる。

常一は斑鳩《いかるが》の里で代々法隆寺の宮大工・棟梁を務める家に生まれた。宮大工になるために父は工業学校を、祖父は農学校を勧める。祖父はいう、「人間も木も草も、みんな土から育つんや」、宮大工はまず土の命を学べ、と。

農学校を卒業すると、祖父は土地を与えて農作業をやらせ、稲を作るには稲と話すことだと諭す。続けて「木と話し合いができなんだら、本当の大工にはなれんぞ」。回り道のようだが、「木と話す」意味を体得した孫もえらいが、そう導いた祖父もえらい。

昭和三年、二十歳で一本だちした孫とその父親に、祖父は法隆寺の棟梁が代々引き継いだ口伝を教授する。中でも「木組みは心組み」は常一の終生の指標となった。

昭和七年に法隆寺の「昭和大修理」が始まり、若き棟梁は数度の召集で軍隊と法隆寺を行ったり来たりするが、飛鳥の心技を求める「棟梁三代の心」はどんな体験をも生きた叡知にした。

工法をめぐる学者との対立もあったし、材木不足も資金難もあった。何よりも古建築が建てられた時代の道具が必要だった。ついに、解体した木の削り痕からヤリ鉋《かんな》を復元し、使い方も習得。この自分を勘定に入れない棟梁の信念に色々な職人が集まりだす。

徳は孤ならず。刀匠の協力だけでなく、ある鍛冶師は五十丁のヤリ鉋を無償で提供し、工期を終えた大工はみな一丁ずつ大切な記念として故郷に携えて帰った。

また、補強材や釘をめぐる「鉄か木か」の大論争で、和クギ派の常一は、「木が泣きよります」、「木だけなら千年もつものを」と言って自説を曲げなかった。

「――八月十五日、終戦の詔勅を拝す。全軍、粛として声なし。――国破れて山河あり、山河あるところ草木あり。――草木の生ずるところ民草《たみくさ》必ずあり」。前後するが、これは上官たちに替わって常一が書いた終戦報告書。この気迫と格調、まさに、文は人なり。

カバー写真には、曲尺を手にしたこの「法隆寺の鬼」がにこやかに笑っている。多くの人にぜひ読んでほしい一冊だ。

西日本・読書館 2005.6.26

日本語の乱れを嘆く前に　『愉快な日本語講座』添田建治郎

小学館

　何度目のブームか、日本語に関する本の出版が続く。実をいえば、またかと思ったのだが、本書は日本語を著者と若者とが一緒に考えたことに大きな意義がある。

　というのも、日本語の乱れを嘆きつつただす本に共感する読者はもともと余り読む必要はなく、一番読んでほしい若者をどう取り込むかが大きな鍵となるからだ。

　以前、職場で申し合わせの回覧メールを読んで驚いた。若者のメール言葉と役所の告知文が交じったもので、発信者は二十歳代。これが文書か電話なら、目や耳にした上司なり先輩なりが注意できようが、仮に注意しても無表情かキョトンとされるのがオチだろう。

　だが山口大学の人文学部教授である著者は、まるで異国語人種のような学生に言葉の豊かさを伝えるべく日本語学の授業を始めた。この記録は世代間の笑いを誘うだけでなく、学生の反応を通して日本語を立体的に考えさせてくれる。

　添田教授は一方的に知識を教え授けるのでなく、「学生と一緒に日本語を考える」。社会人も交えてのアンケート、意見交換など、双方向の疑問と理解を積み重ねることで成果をあげた。

まずは身近な所から、学内食堂のメニュー表示を取り上げる。「ライスL、M、S、SS」って何かヘンじゃなかろうか、と。早速、「ライスLは弁慶盛、SSは小町盛に」という学生の素敵な提案が寄せられ、生協食堂も巻き込んで一気に盛り上がっていく。

この新鮮な提案は残念ながら不採用となるが、他のレストランやカフェのイタリア語やフランス語表記の比較、さては平安時代の美人の基準にまで、言葉に寄せる若者の柔軟な思いが展開する。

こうなればしめたもの。「お前と呼ばれてうれしいの?」、「日本語でしゃべらナイト」、「そうはイカのきんたま」、「お国なまりは宝物」など、民俗誌、古典、比較文化論と興味の連鎖が広がり、日本語に目覚めた学生から逆に教えられる場面も出る。

耳で覚えた歌詞の誤解はよくあるが、「赤い靴」中の「異人さんに連れられていっちゃった」はこうだ。「いい爺さんに」、「ひい爺さんに」、「人参さんに」、「美人さんに」、「キリンさんに」ほか。思わず噴き出すと同時に、アニメ世代の想像力に感心した。

日本語は変わり続けるだろう。しかし、このような愉快で真面目な先生と学生がいる限り、日本語のあしたに希望は残る。

西日本・読書館 2005.7.24

捨て身と浮き身の間に　『二人乗り』平田俊子

講談社

詩人・平田俊子の詩集に『(お)もろい夫婦』というキレのよい一冊がある。本書はまさに、(お)もろい男女の関係小説集である。登場する人たちの関係はおもろく、そしてもろい。独立した三つの中篇小説が人物を順次につなぐ「輪舞構成」となり、通読するとニンゲンの滑稽さや切なさが浮かび上がる。

第一話「嵐子さんの岩」の嵐子さんは気ままな一人暮らしの四十七歳。仕事といえば、出張で上京する義弟の道彦を妹の頼みで泊めてやることくらいだ。

二年前、身勝手な男に恋をして、十五年も仲良く暮らした夫とあっさり離婚した。ほとんど捨て身に近い行動をとるわりには、来ない男を待ちつつどこか他人事みたいに空っぽの自分を見ている。

第二話「二人乗り」は、女二人の奇妙な出会いと別れ。田舎町に住む嵐子の妹・不治子は、夫の道彦が家を出てスナックの女と同棲を始めたので落ちつかない。そこに、ふらりと町に来た女と知り合い家に泊めることになる。その女優という女は不遠慮な居候だけど、唐突な言動に新鮮な魅力がある。連日自転車に二人乗りをして町を巡るうち、不治子は女がこのまま家族のように居てくれたらとさえ思いだすのだが…。

最後は「エジソンの灯台」。道彦はゆきえの家に転がり込んだものの、今ではこの女の何がよかったのか分からない。同居する彼女の父は亡妻のブラウスをひらひら羽織り、鬱陶しい存在だ。彼は生たまごを毎朝ご飯にかけて食べる。「かっかっかっかっ。猫がひきつけを起こしたような音を立て」てかきまぜ、次はご飯と「ねちゃねちゃ。ねちゃねちゃ。…その音も道彦はいやだった」

ついに道彦はこの家からも身ひとつで飛び出すと、図書館で見た灯台の写真を思い出してバスに乗る。今や目指す白い灯台だけが心を包み込んでくれるのか。

総合タイトルが「二人乗り」とは絶妙。どの組み合わせも互いにズレながら、捨て身の思い切りと浮き身の無責任さで流れていく。深刻ぶらない家庭放棄のホーム（レス）・ドラマとしても読める。

著者は以前、本紙に文章似顔絵「ふむふむ芸能図鑑」を連載、抜群の観察・描出力で楽しませた。本書で見せるニンゲン模様もおもしろいが、岩、自転車、灯台というモノの配役がよく生きている。

平田は小説も書く詩人でなく、これで小説家にもなった。

西日本・読書館 2005.8.21

戦後詩壇とは無縁の場で

『放浪と土と文学と高木護／松永伍一／谷川雁』澤宮優　現代書館

丸山豊といえば、戦後いち早く福岡県久留米市で文芸誌「母音」を主宰し、その仲間から優れた詩人たちが生まれたことで知られる。川崎洋、谷川雁、森崎和江をはじめ、「久留米叙情派」と呼ばれる山脈に連なる人たちは多い。

彼ら群像の、また個々人の軌跡を辿り本書が記すのは、主に高木護、松永伍一、谷川雁の三人。世間的には一番特異な道を歩いた高木護を基軸にしたことで、大きな山脈の全容がよく見えてくる。帯にこうある。「戦後九州には、知られざるもうひとつの文学史があった。放浪、農民、革命を求めて生きた詩人たちの足跡」

「放浪、農民、革命」とは、順に高木、松永、谷川を指すが、なぜ「もうひとつの」と、わざわざいうのか。それは、三人がいわゆる戦後詩の詩壇とは無縁の場所に立ち現代を問うてきたからだ。

では高木護とは何者か。詩人の間でも彼の存在を知る人は少ないと思われる。『人間浮浪考』、『野垂れ死考』など著書名を挙げるだけでも、彼が郷里の熊本を出て以来、社会の底に生きたことで、逆に社会を見捨てた人の矜持に近い姿が想像できるだろう。

著者の澤宮は昭和末の大学時代に高木の本を読み、素顔の人間の臭みに惹かれる。特に『人夫考』の肖像写真への思いをこう記す。「眼光は射るように鋭く不気味でもあったし、物事の本質を見通す冷徹さ、厳しさを湛《たた》えているようでもあった」。それまでの著者の知識は、高木が「戦後の一時期を九州一円の野山を放浪して過ごしていたこと（素っ裸で山を歩いたときもあったらしい）、北九州の労働下宿で人夫をしながら生活をしていたことぐらいであった」

以来、高木に会いたいと願っていた澤宮にその機会が訪れる。すでに東京で著述業を生業としていた高木は、『野垂れ死考』の表紙裏に「生きて生きて自分を自然に還す」と書いて渡した。「ふるさとを愛しなさい。そして同時にふるさとを拒みなさい」。これは丸山のふるさとへの思いを若い人たちに託した言葉だが、本書の三人皆が後にそれぞれの理由から東京に移住したことを考えれば、含蓄の深い言である。

著者は広範囲な人たちへの丁寧な取材を重ねて、ある時代の群像の息吹と活動、各々の人間形成と変容を伝える。書斎派のなしえない、血のかよった文芸ルポと呼ぶにふさわしい魅力の一冊だ。高木に惹かれながら偏らぬ叙述のフェアな姿勢にも好感をもった。

西日本・読書館 2006.1.22

いく通りも美味しい読み　『お狂言師歌吉うきよ暦』杉本章子

講談社

一冊でいくつもの楽しみ方ができる本だ。江戸を舞台の時代小説でファンを摑む著者は、次々に作品を出すタイプの作家ではない。念入りな考証と、柔らかく、じっくり練られた本書を読めば、寡作も美質のうちと思えてくる。

まず興味をひくのは、江戸の特殊な芸ごとの世界、二つ目は恋もあれば欲もある人間模様、三つ目は政商がらみの暗部が引き起こす事件。物語の随所に何気ない伏線がはられていて、展開の意外性に推理する楽しみも大きい。

タイトルの「お狂言師」は、今いう狂言師とは異なる。お狂言師は大名家の奥向きで芝居や踊りを演じ、お抱え扶持《ぶち》を頂戴しているのだ。

京橋は桶町で踊りの師匠をしている歌仙は美人の聞こえ高く、お狂言師としても名をなしている。その弟子歌吉は暖簾を構えた駕籠屋の娘で、伊達家の上屋敷で披露するお狂言の一座に思いもかけず加えられた。収まらないのは、六つの時からの相弟子のお糸。

「春琴抄」の春琴は弟子に恨まれて熱湯をかけられた。映画「ピアニスト」は、ライバルのコートのポケットにグラスの破片を入れて、指を傷つけた。芸の世界の裏には、修行よりも厳しい嫉妬や恨みが潜んでいる。

呉服屋の娘お糸の報復は予期せぬやり方で、歌吉の運命と物語は急展開。この第一の山場での被害者と加害者、関係者の対応や機微人情が、緩急の描写併せもつ作者ならではの力を見せて読ませる。

お狂言師の世界は、一座も大名家の奥向きも、女の城だ。「芝居小屋でいえば床山なのだが、男子禁制の一座とあって、これも女がこなす」。はじめて一座入りした歌吉には驚くことばかり。

舞台方の一切はお屋敷の腰元衆が裾を高ばしょりして働く。「また、役者の動きにあわせて柝《つけ》も打てば、幕も引く。三座芝居そこのけの恐れ入った大道具方で、お出入りのお屋敷はどこも、このような腰元衆がいるという」

さて、時は水野老中の改革で贅沢禁止令が幅をきかせ、茶屋、呉服屋などの商人は大弱り。そこに付け込む悪徳商人や役人もいれば、町人になりすました隠密もいる。政治の権謀術策も見逃せない。

芸ごとのほかに、町方の四季の風情ある遊びと、御公義の暗躍する緊迫感が織り成す場面の変化が最後まで飽きさせない。

色恋は淡く、陰謀の結末は詰めが甘いとの声もある。が、それも上品なゆとりとしてお勧めする。

西日本・読書館 2006.2.19

負に負を重ねた気概の小説　『どうで死ぬ身の一踊り』西村賢太

講談社

ひさびさに骨のある私小説の復権に遭遇した気がする。それも穏やかな心境型ではなく、赤裸々に恥部をさらけ出す破滅型の。

貧乏、女、社会不適合と、世間的にはことごとくに生活失格者でありながら、ブンガクのために周囲を顧みない男の話は、もちろんこれがはじめてではない。

むかし、葛西善蔵の『子をつれて』を読み暗い衝撃を受けたが、本書には陰々滅々とした悲惨を突き破る何かがある。それを、負を重ねることで示した私小説作家の気概といってもよい。

「私」は、大正時代の超マイナーな作家・藤澤清造に傾倒するあまり、清造命とばかりに生活のすべてがこの作家のためにある。

藤澤清造は、徳田秋声の知遇を得て『根津権現裏』などで、ごく一部には知られたものの、貧困、内縁の妻への暴力、悪所通いからの病などののち失踪して、昭和七年に芝公園内のベンチで凍死。生前、「何のそのどうで死ぬ身の一踊り」と、念仏のように唱えていたという。

清造の作品と境遇に激しく共鳴する「私」は、金を算段して、能登の七尾にある彼の菩提寺を月命日ごとに訪ねている。というと閑人の掃苔《そうたい》記めくが、その行為には、「根が虫のつくほど青臭い文学青年にできてる私にとって、ひとしおの満足と充実感があった」。

ひとりで執り行う月回向《えこう》は「自分の唯一の矜持《きょうじ》の立脚点となっていた」。乏しい収入をはたいて清造に入れ込んだあげく、菩提寺から譲り受けた古い木の墓標をケースに収めて自室に安置するという「墓前生活」に没入する。

その異常なまでの傾倒ぶりの加速とよじれあうのが、同棲する「女」への身勝手な要求と暴力だ。捗《はかど》らない清造全集の刊行費は女の実家から借りながら、些細なことをきっかけに彼女を言葉でいびり、腕力で痛めつける。

かと思えば、女への詫び方、甘え方も自己中心で、去った女の下着を汚して顔を埋めるなど、田山花袋作『蒲団』の一場面を想起させる。最後まで「女」の名前は出てこず、フェミニストの読者ならずとも目を剝くだろう。

読むうちに、どこか滑稽、どこか哀れ、どこか一途。思慕する不遇な作家の負に、姑息な「私」の負を重ね続けて、いつしか逆転する私小説の力を秘めている。それを気概と呼びたい。

売れるが勝ちとばかりの小説界のきょうび、珍しくもブンガクの恐さを思い知らされた。

西日本・読書館 2006.3.19

もう一つの「うた」の流れ　『古代歌謡と南島歌謡――歌の源泉を求めて』谷川健一　春風社

口承の「うた」から書く「歌」へ。本書は、民俗学的なアプローチから記紀歌謡の古代に遡り、日本人の「うた」の源泉と変化を説いた魅力的な歌論である。説得力と刺激に富むのは、著者が精通する通説をあえて迂回し、独自のフィールド・ワークから感受した考察からなるせいだ。

そこには、和歌が柳田国男のいう「おもやい（共有）」の「うた」から近代以降、技を競いあう密室の文学となった「短歌」への痛烈な批判が込められている。それは俳句にも詩にも通じることで耳が痛いことも多い。

まず、「歌の発生」の章にこうある。「日本人と歌の関係をさぐるには、動植物や石や火や水に人間同様の霊魂《アニマ》を認めた時代までさかのぼらねばならない」と。

たとえば、たぎる湯や爆《は》ぜる炭に人と同じ言葉を聞き、言葉をかける習慣を示して、森羅万象に宿る言霊の「言問ひ」に言及する。

「言問ひ」とは自然界に遍在する神々の「言向け」、つまり人間への異議申し立てであるから、それを言葉の呪力で鎮めたという。著者はこのような日常の中の原始性を、南島に伝わる呪言に見る。「炭火の踊るときのタブエ」という奄美の呪言は、「山で　焼かれた苦しみを　忘れたか」というのだが、同様の文句が相模や宇和島にも残ることが別の民俗学者の記録からも引かれて興味深い。

言葉は大きな武器である、と聞けば「言霊の幸《さき》わう国」の民としては驚く。が、言霊には幸も呪いも宿り、大和の朝廷ができる以前から、人は呪力をもつ言葉の応酬で敵を威嚇したのだと知れる。

こうして、言霊、言問い、かけあいと、集団から男女の歌垣に展開し、万葉びとの「うた」の心に迫る論はわくわくするほどスリリングで、その口調に魅惑される。

言葉という共有の財産からなる万葉の歌を語って胸に響くのが、「相聞」から「挽歌」に至る「あわれ」の情である。その心は読み人知らずの歌からも、人麻呂や憶良からも等しく掬いとられる。また、万葉集の「東歌」や和歌の枕詞と地霊の結びつきが地名研究家としての知見からも力説され、歌人だけでなく地域行政に関わる人にも読んでほしいものだ。

宮廷和歌から離れて南島に残る歌謡に「もう一つの歌の流れを追う」という著者の謙辞にこそ、「うた」の本道を見る思いがする。

ちなみに元本は講談社現代新書。どういう事情か、幾年も経ずに絶版とした大出版社の見識を疑う。

西日本・読書館 2006.4.30

東京からトウキョウへ　『40年前の東京』春日昌昭・写真　佐藤嘉尚・文

生活情報センター

いまどきの写真集にしては総じて地味な体裁なのに、表紙の写真に目が留まったのは、「40年前の」という題の下の風景に見覚えがあったからだ。

変哲もない街角。通りを浴衣に白足袋の女やワンピースの娘、開襟シャツの男達が歩く。電柱の前のタクシーが一番大きい。四十年前ならブルーバードだろうか。

そのころの旧博多駅や中洲周辺の通りかと思って見たのに、すぐに見まちがっていたことに気づく。写真の下のタイトルの後半が特大文字で「東京」とあった。

頁を追っていくと、やはりこれは東京でしかないのだと思う。部分的に似た所が日本のどこかにあっても、これほど雑多と混沌の熱気があちこちに密集した都会は他になかったろう。

まだ戦後の闇を引きずりながら東京がまさに今日の魔都へ変貌していく初期の過程が見える。多かれ少なかれ、やがては他の都市も後を追うことになるのだが。

現代の東京は三度大きく変わったという。戦後の復旧、オリンピック、そしてバブル期。本書の東京は一九六三年から一九六六年まで。オリンピックの前後である。その期間、私は東京に住みリアルタイムで見ていたはずだが、よくこんな汚い街に、無理を重ねて招致したものだと感心する。都心のいたる所に立ち上がる高速道路、地下鉄工事のための鉄板道路、交差点も駅も人、人、人、そしてひしめきあう看板、電車の沿線や駅裏に張り付くような木造バラックの店と住宅。見知った場所が次々と出てくる。

ただし、この春日昌昭という写真家は生まれ育った東京を愛してやまなかった。二十四歳で大きな賞を獲った浅草だけでなく、ありのままの当時の東京とそこに生きる人を撮りまくった。芸術のためにでなく、ただ誠実に。そして昭和最後の年に四十六歳で死んだ。

この貧を厭《いと》わぬ写真家の人柄に惚れぬいた、もう一人の昭和の男・佐藤嘉尚が「凜とした男」と題して、その生涯を心こめて文にした。写真を見た後それを読むと、今のトウキョウが何を失い、どう発展したのか考えざるをえない。

良くも悪くも東京に起こることは福岡にも起こる。今は東京とのタイムラグもないに等しく、わが街は五輪招致で、東京に勝つの負けるのと騒がしい最中だ。

福岡は福岡、東京は東京。この写真集をよむと、市民の幸せは都市の知名度や経済発展とは別のところにあるという気がしてくる。

西日本・読書館 2006.8.27

既視感の中のなさけなさ　『バレンタイン』柴田元幸

新書館

得意の波にのっている人には無縁の空気。といっても暗くはなく、ある種のなさけなさとおかしさが薄く尾を引く話。

子供なら、ちょっと奥手の男の子。大人ならちょいショボの、引いた男。わざとらしくなければ、そういう感じの本もいいなと思う。つまり、本書のことだけど。

著者はショボいどころか現代アメリカ文学の名翻訳家にしてエッセイスト、おまけに東大教授だが、大家然としていない（という気がする）。「初の小説集」と帯にあり、十四篇からなるエッセイ風の小説というところだ。

第一話の「バレンタイン」は、こう始まる。「路地へ入っていくと、小学生の男の子が目の前を歩いているのが見えて、参ったな、と君は思う。参ったな、あれは僕じゃないか、と君は思う」。

むかし暮らした町を歩いていて、何十年も前の自分らしき子どもに出会ったら人はどう反応するだろう。なつかしさから駆けよっていくのか。気恥ずかしさから見て見ぬふりをするのか。その瞬時の微妙な困惑が、「参ったな」の一言によく表れている。

男は少年がどの道を通って「少年サンデー」を買いに行くのか知っている。水曜日ごとに少年の後をつけ、最後の一冊を奪い合い、何とも格好の悪い事態を招いたあと、「君とかつての君の目が合う。かつての君はすべてを悟る」。

茫然としていた少年は噛み合わない会話を少しして、意を決したかのように訊《き》く。「ねえ、生きてくのって大変?」。読んでいてどきどきする。もし、かつての私からそう訊かれたらどう答えよう。

このヘマそうな大学教授が答えの中に出したバレンタインのチョコレートが少年は分からない。まだその頃はバレンタインの習慣などなかったのだから。

男はかつての自分をよく見る。「まあ僕が女の子だったら、と君は思う、こいつにバレンタインあげる気にはならないだろうな」。

彼の少年につける点は辛いのか。そうではなくて、身内を語る時の控えめな愛情さえ感じられる。リアルな既視感と未視感のズレの中に混在するなつかしさとじれったさ。そこから生じる不思議な感覚がほぼ全編に流れる。

短編小説集としてはバラつきもある。しかし、人はどれくらい記憶を追体験できるのかと思う時、この小さな一冊は、なさけなさの幸福感さえ引き連れて後からじわりと効いてくる。最後の一編が「ホワイトデー」とは、参ったな。

西日本・読書館 2006.7.30

イソノ家に見る庶民論　『サザエさんの〈昭和〉』鶴見俊輔・齋藤愼爾編

柏書房

まず、組み合わせの意外性にひかれた。地味本出版の多い版元の柏書房、錚々《そうそう》たる論客たちと二人の編者。いずれも一見「サザエさん」とは遠い存在に思えたからだ。

本書はひところ流行した謎本の類にあらず。評論家や劇作家たちの「サザエさん」論を集めて、昭和／戦後という文脈を基に編集されたものである。収録された論考の執筆陣は草森紳一、寺山修司、鶴見俊輔、樋口恵子ほか十一人。

福岡で生まれた「サザエさん」は昭和の国民漫画と言われるくらい多くの人に長く愛され、イソノ家は平均的庶民の理想とする家族と見なされた。否定はできないまでも、それがすべてではない。それぞれの視点から考察された各論が興味深いのはもちろんだが、一読して感じるのはよく練られた編集の妙である。つまり、イソノ一家を検証することはとりもなおさず、昭和の庶民を検証することになる。その編集コンセプトが生かされて、断片的な面白さを超えた価値ある一冊となった。

一番手は草森紳一。〈不幸なサザエさん〉との題からして、陽気なサザエさんの無条件ファンはのっけから水を浴びるだろう。氏は、そそっかしさ、善意という鈍さなど、活発なバカ娘の愛すべき笑いを十分に認めた上で、擬似ヒューマニズムにメスを入れる。

氏によれば、サザエさん一家は、〈いじましさを感じないように明朗に努力している空虚な一家である〉し、昭和四十年以降の家族制度の変革は『サザエさん』一家という容器には入りきれず、「年をとらない」家庭マンガの利点が欠点に逆転する。

寺山修司の「サザエさんの性生活」も、このマンガの限界をシニカルに指摘して意表をつく。かたやサザエさん賛歌も多いからファンの方々、ご心配なく。家族の対等な関係、男女同権をキー・ワードに、サザエさんを戦後民主主義の申し子とする説は、ほとんどの執筆者が認めるところだ。

編者でもある鶴見氏の論考はさらに踏み込んで、日本社会の変化と、この長命マンガに与えられた戦後の理想主義を説き、樋口恵子と併せて読み応えがあった。

樋口氏はこの家庭マンガには女の一番の重荷、嫁姑問題がないと指摘する。娘、妻、母親であっても、サザエさんはイソノ家の嫁ではない。彼女は失敗を重ねても屈託なく陽気なはずである。

読みどころと発見に満ち、昭和検証の庶民論集として好個の一冊。マンガ絵がない分を文が補う。

西日本・読書館 2006.9.24

「よろしく」と「どうする」の間で　『夜露死苦現代詩』都築響一　新潮社

まず、『夜露死苦《よろしく》現代詩』というタイトルとサブカル風の装丁に、忌避感を抱く人もいるだろう。店頭で見た時の私もそうだった。が、揶揄《やゆ》と挑発のねじれを感じて手にしたのである。著者の思うツボにはまったわけだ。

これは通常の詩集ではない。狭い現代詩の世界とは無縁の現場、つまり暴走族、老人病院、演歌の詞などに埋もれているリアルな言葉を採集、解説した記録集だ。これら十七の場所に拾ったフレーズと紹介の文章が、そのまま現代詩への批評になっている。

私は今回知ったのだが、著者の都築響一氏は編集者、写真家であり、幅広い文化の優れた仕掛人と思える。おもに文芸誌「新潮」に連載されたものが本書の基になった。

冒頭、ヘッドライトに浮かぶ歩道橋の殴り書きを見た著者はこう記す。「なんてシャープな四文字言葉なんだろう。過去数十年の日本現代詩の中で『夜露死苦』を超えるリアルなフレーズを、ひとりでも書けた詩人がいただろうか」。それから、現代詩人たちに皮肉をかませた後、「詩は死んでなんかいない。死んでいるのは現代詩業界だけだ」と、詩のアウトサイダーたちの切実な言葉へと読者をぐいぐい引き込んでいく。

本書ではないが、著名な現代詩作家は、いま書かれている詩の八割は不要だと言い切った。それでも多種多様な詩が書かれ続ける。発表手段も活字だけではない。あちこちで朗読会があり、ウェブを覗けばネット詩の海に溺れかける。見方によれば、いま詩という狭い文芸特区は盛況であると錯覚しそうだ。

それがなぜ悪い？　という声がする。いえ、悪くなんかない。私も前述の八割に入る詩を書く者だ。詩が自他の愉しみや慰みであって悪かろうはずはない。ただ、伝統も実験も含めて何でもありの現代詩だが、詩の生命は言葉にあると思いたい。フン、それで、と苦い顔をする詩人もいるだろう。

だからこそ、詩の外側の人がご丁寧に「よろしく」とおっしゃっているのです。賛否はどうあれ、特に詩を書く者なら退屈な詩集を十冊読むより、中身が濃いようですが。

読むと、本来なら詩文芸のもつべき言葉の力が詰まっていた。詩など意識にない場所から発せられた行き場のない切実な言葉が。あるいは、芸の域に達する生きた言葉たちが。

たとえば、自分を流れ旅の無頼者と思い込む寝たきり老人が看護助手に告げた秘密は、「オムツのなかが犯罪でいっぱいだ」。ベッドに縛られ、虚空に向かって手を伸ばす人は、「あの夏の狸の尻尾がつかめなくって」

夫婦で入院中の妻は深夜にひとりだけの長い物語を語りはじめ、夫は幻覚に漂いながら、こう呟いて二日後に他界したという。

「あんた、ちょっと来てごらん。／あんな娘のアゲハ蝶が飛びながら／ドンドン燃えてるじゃないか…」

かつてフロイトの深層心理学に呼応した詩人たちが始めたシュール・レアリスムの自動記述詩が、ここでは無意識のうちになされている。詩人たちは故意にメスカリンや阿片まで使って幻覚を引き寄せたのに。痛切にして滑稽。滑稽なのはもちろん詩人だ。

これら詠み人知らずの「妄想文学」は、看護記録には「意味不明の独語あり」と記されるだけという。「そういう職場で、直崎さんは老人たちの汚物にまみれながら、深い敬意とともに彼らの言葉を採集しつづけてきた」とある。直崎さんは労多き看護助手。

この人のような目と心がなければ、ただ面白がるだけで、人と言葉の尊厳は守られなかっただろう。それは著者にも言えることで、初めタイトルに抱いた先入観が、読むうちにあっさり失せていく。

「池袋母子餓死日記　あるいは遺書という暗楽詩」の章、「少年よ、いざつむえ」の章における統合失調症の少年の詩など、ぎりぎりの生の淵から発した言葉に胸をつかれる。

かと思えば、「玉置宏の話芸　あるいは分速360字のトーキング・ポエトリー」という歌謡ショーの司会から見せ物小屋の口上まで、硬軟とりまぜての十七章が、優しく辛辣に迫り、著者の説得力がものをいう。

それに感心もし、「どうする現代詩」といわれたようで憂鬱にもなり、詩人の山本哲也氏の『詩が、追い越されていく』（西日本新聞社）という十年前の詩評集を思いだす。本紙で西日本地区の詩評を担当していた氏は、社会現象からとり残される自覚もない私詩の氾濫を嘆いた。大方の状況は今もさほど変わりはしない。

よろしく快読、痛読のあと、本書にも引かれる詩人ロートレアモンの言葉、「手術台の上のミシンと洋傘」というシュールな組み合わせの美しい毒がまわってくるようだ。

西日本 2006.10.20

異界ともつながるしぐさ　『しぐさの民俗学』常光徹

ミネルヴァ書房

これは、『学校の怪談』で知られる著者の楽しく豊かな労作。

人は、何げない表情やしぐさにも、言葉以上に援《たす》けられてきた。電話、メール、インターネットがいくら便利だろうと、これらの〝文化遺産〟にはかなうまい。しぐさはこの世の人と人だけでなく、異界ともつながっているのだ。

読みながら、そう実感した。ことさら難しく考えなくとも、伝承に埋もれ、今は忘れかけた身ぶりやしぐさに先人の暮らしの知恵や心意を知って、読者は楽しく、あるいは、なつかしくなるだろう。

なぜなつかしいのか。しぐさは身体性を伴うもので、そこには具体的な人の体温が伝わるからだ。息、指、覗き見、声、叫び、呪術の俗信などなど、ここに蒐集された膨大なしぐさのいくつかには、誰しも身近な人たちとともにあったという思いを抱くだろう。

「股のぞき」という動作がある。私も子どもの時によくやった。公園の緑と湖面はひかり輝き、海に沈む夕日は普通に見るより幾倍も淋しくきれいだった。逆さに映るだけの別の眺めが不思議でならず、繰り返して確かめたものだ。

あとで知った富士山や天橋立の股のぞきは本書にもあり、天地が入れ替わる股のぞきの風景は異界につながるものと言う。そうか、あの時の妙なきれいさは別世界の眺めだったのだと納得する。

また、「幼児が股のぞきをするのは次の子どもが生まれる前兆だという」各地の俗信に触れて、逆さまには日常の外側から侵入してくる邪悪なモノを阻止する意志を示すと記す。あべこべ、裏返し、にもバリエーションが見られる。

さらに袖のぞきなど、今に残る「のぞき見る」といった行為の意味が例示されて実に興味深い。それらは、「股のぞきと狐の窓」の章にある。左右の指で作る狐の窓の絵（文政期）はカバーにも効果的に用いられ、息のしぐさ（第一章）として詳しく考察される。

尋ね人に再会したような思いが、「同時に同じことを言ったとき」の反応。実は「ハッピー・ストップ」と言い合った体験を拙《つたな》い詩に書き、覚えのある人を捜していた。それが、「ハッピー・アイスクリーム」などの形で、今も伝わることを知り、うれしかった。

本書は、体系的な分類と解説をはじめ、参考文献、図版、索引共に、しぐさの楽しい事典ともなった。この詳細さと奥行きの深さは民俗学の真髄をよく示すものだ。

西日本・読書館 2006.11.19

勝ち馬に乗れない男たち　『愛と癒しと殺人に欠けた小説集』伊井直行

講談社

小説の売り文句に多いのが愛と涙と癒し、あるいは殺しによる一斉浄化作用のすすめである。だから、少しヘソの曲がった人は、この書名に興味を抱くだろう。逆に、その手に乗らぬぞと思われるなら根っからのヘソ曲がり。

伊井直行。立派そうな名前に似ず妙な小説を書く人だと思った。前に、『本当の名前を捜し続ける彫刻の話』を読んだ時のことだ。

この中短編集を読んで、やはりヘンな小説だと思う。ただ、ヘンだと自称するわりにはフツーの人が多い中で、著者はまっとうにヘンな小説を書く作家である。

第一話「ヌード・マン」の主人公は妻子持ち、一応フツーのサラリーマン。一応とは、不倫の経験があるという意味でも。

だが、「私はいつか娘に捨てられると思っていた」と、冒頭にぽつんと置かれた、この一行は何だろう。すぐに、一家のある休日や家族とのやりとりが続くから、特に重要ではないのかも知れない。

今は父親に甘える娘も、やがて恋人の許《もと》に去っていく。そんな心配をしているのかと、深くは気にせず読み進む。ところが、また出てくるのだ。「いつか自分も娘に捨てられるだろう。娘にはそうする権利がある。私は有罪なのだ」

秘密はすぐ明かされる。彼は露出狂でもないのに、全裸で外を歩きたいという欲望を抑えることができず、会社の帰りや出張先で実行しているのだった。

場所選びは用意周到だ。人気は少ないほうがいいけど、誰とも出会わないのはスリルがなくて物足りない。自責の念にかられながら秘密の散歩はエスカレートする。

妄想と紙一重の秘密をもつ人なら、彼が危機に瀕する度に妙な興奮と恐怖に襲われる。一番の怖れは、裸で追われる様を娘に見られることだが、そうなった時、思いもしない恩寵《おんちょう》が待っていた。彼はもう服を着る必要はないのだ。

この悲しく美しい結末を導くまでの細部に真実味がある。最後を破滅とみるか、救いとみるかで著者の小説作法への共感度はわかれる。神話やオウディウスの『転身賦』に親しめる人なら、違和感をもたずにすむだろう。

他の五編にも周囲と微妙にズレていく男が出てくるが、勝ち馬に乗れないのか、乗らないのか、当人たちが苦にしている風はない。

各編の異なる作風と味わいに作者の小説論が表れて興味深く、それをたしかめるためにも、最後に前書きの再読をすすめる。

西日本・読書館 2007.1.7

記憶補い合い「暮らし」再現　『大江戸座談会』竹内誠監修

柏書房

江戸ブームが続いているそうだ。本書は昭和初期の江戸文化研究誌からの編集再録である。江戸育ちが江戸を語ったといえば、紹介するにも腰が引けそうだが、この座談会の良さは通のひけらかしや嫌味がないことだ。

座の空気は春風駘蕩《たいとう》、くだけても下品にならず。ご維新と震災の大変を記憶に留める、元の士農工商があい集い、なごやかに話が行き交う。新旧の旧がまだ残る昭和三～五年に会はもたれた。参加者は生まれ育った町の暮らしの細部まで、互いの記憶を補いあって、江戸の痕跡を多面的に再現する。事例は面白く、やりとりは軽妙洒脱。何より、遠山の金さん、新門辰五郎、鼠小僧など大江戸セレブが実際の隣人として話に上るのだから興趣はつきない。

十四本の談義は「江戸の祭礼」から、格段に面白い珍芸続出の「江戸の見世物」、「江戸の芝居」と、のどかに続き、「江戸の市」では、雛市に始まる季節ごとの市が年中行事とともに語られる。「正月の支度物は全部観音の市で買ったものです。金持も貧乏人も何か一品は買いました」、「武家では縁起は買いません」、「町人だけだ」。ここで話題の縁起とは、男の陽物をつけた熊手のことで料理屋などが飾り物にした。

「横浜では巡査が皆取上げて、車に積んで来て吉田橋から川へ投込んだら、数千個の縁起が皆立ち遊泳然と浮いて流れて行く有様は実に奇観だったという噺《はなし》でした」

その話を絵描きが受け、「江戸では永代の方へ皆流れて、夕日に金が照らされて美しかったそうで」。当の巡査も見取れただろうか。

総勢三十七名の参加者は、彫刻家の高村光雲、風俗画家の伊藤晴雨をはじめ、旧幕臣に元与力、帝大教授に男爵のほか、住職、商人、職人から経歴未詳の人といった顔触れ。キリスト教師もいた。司会が緩やかで、昼食に蕎麦が出れば、町々の蕎麦屋の話から料理談義に発展するという具合だ。あと、「江戸の自治」、「江戸の防御線」、「彰義隊」も話の宝庫で、今に通じることが多い。「何でも人間が不器用になったから。器械のお蔭《かげ》でネ」。「土地の読み方はその地の歴史であるのに、近来の乱暴さは驚く」とも。

江戸の町に租税はなかったが貧乏度は落語の段でなく、それでも敗れた彰義隊にかける情はあり、職人衆は律義を守り、奇人に金銭欲はなく、悪口にも川柳、俳諧の素養がにじむ。「美しい国、日本」の範は江戸に在り、とかや。

西日本・読書館 2007.2.4

「世間」の中で「個」を生きる　『近代化と世間　私が見たヨーロッパと日本』阿部謹也

朝日新書

昨秋急逝された社会史家が書き下ろした遺著。五十年にわたる研究の全行程を辿る自らの総決算であり、日本という「世間」に生きる人々への最後の伝言である。差別から核問題まで、明晰な人の生きた図書館に導かれる思いがした。

氏はヨーロッパを常に民衆の視点から捉え、その歴史意識は西欧礼賛に偏するのではなく、日本と自分を逆照射するものだった。

しかし、『ハーメルンの笛吹き男』や『刑吏の社会史』に続く阿部史学に親しむ人は、『「世間」とは何か』以降の「世間」論に戸惑いを感じたようだ。学界からは無反応だったらしく、「大学人も、大学という『世間』にいることを知らずにいる」と痛烈だ。

また一般の人は、世間なら自分の方が知っていると思うだろうか。学者は世間知らず、というのが通り相場だから。だが、行動の人でもある氏は、世間の中で苦労している一般の人々に支持されて一から研究を続けてきた、と記す。

著者の「世間」論は急に日本回帰したのではない。西欧をよみ解くうちに、日本の「世間」に違和感を抱き研究の対象とするようになったことが本書でわかる。

指摘されるのは日本の近代化における本音と建前という二重規範。つまり、日本にあるのは「社会」や「個人」という言葉のみで、かわりに「世間」があり、西欧にみる「個」はなかったと述べる。

その例、自画像の見方が説得力をもつ。レンブラントやデューラーなどは若くして多くの自画像を描いたが、明治以前の日本に自画像はない。自画像は社会と自己とを相対化する自我意識の表れであり、日本の世間には自我の育つ土壌がなかった、と。

日本の歴史意識には西欧にない自然観があるとして、親鸞の中に見つけた「出世間」という生き方に論は進むのだが、病身に残された時間を予感して書き急がれたためか凝縮度が高く、深意を理解するには何度か読まねばならない。

親鸞に見た答えは「世間」を「流謫《るたく》の地」と思うこと。「世間」以外に生きる場はないが、ある一定の理解に達したものが集まって「世間」の中でも、流謫の人として行動することだ、と結ばれる。

「流謫」の意味を考えるだけでも、せめてあと一冊書いてもらいたかった。それを一番望んだのは、一貫して「個」を生きた著者ご自身であっただろう。

西日本・読書館 2007.3.4

人生の滋味に包まれて　『東西食卓異聞』高橋哲雄

ミネルヴァ書房

食べることはもとより、本、映画が好きな人にはこたえられないエッセイ集だ。食の奥深い背景を人生の滋味が柔らかく包んでいる。食の文化誌とも言える豊かな視点と、知情併せもつ人柄のにじむ文章に惹かれて読むほどに、食と人を巡るよろこびが哀しみも含めて胸中に広がる。まさに、文も食も人なり。

イギリス社会文化史の研究者らしく、アイルランドのジャガイモ主食問答の思い出から始まり、風土と食物の関係は「うどん王国の不思議」の章で鋭い分析を展開。香川県がうどんの生産、消費で全国一である理由や、ハレの食物であったうどん文化の諸相が、洗練を気取るそば文化と対比されて興味深い。

安くてうまい讃岐うどんを実地に食べ歩いての考察を述べる一方で、村上春樹のうどん紀行から文学談に無理なく向かうのだ。

その伝で「カレーライスの国籍」考も、知識と感性の味が溶け合う。和食でないのにカレーライスが日本の国民食となった歴史、本場カリー、英国の本格カレー、フランス流濃厚カレーの違い、漱石の『三四郎』などの小説に話は及び、新宿・中村屋の創業時の人間模様が著者の手になって生彩を放つ。

インドの反英闘士ボースが中村屋の相馬夫妻に匿われて、本場カリーを同店に伝えたのだが、荻原守衛ほか貧しい芸術家たちの庇護者、才色兼備の黒光夫人に心惑わされた男や独占欲の犠牲になる娘もいた。そんな「恋と革命の味」と呼ばれたカリーの複雑な味を、著者は〈そこにはまぎれもなく「宿命の女」の味がある〉と、端的に表現する。

いい料理人は皿にではなく人に向けて作るとある通り、人を語ることで「食のさざめき」は佳境に入る。マルクスとエンゲルスの友情とワインを紹介してこう書く。〈いいワインと付き合う資格があるとすれば、それは「秘密」の重みに耐えることであろうか〉と。

ほかにも「不味も味のうち」「鮨—知るは不幸のはじまりか」「絶望のスパゲッティ」など、共感と感動に充ちた章は自在な文に添って読んでください。きっと、極上本を読んでしまった幸と不幸に囚《とら》われるだろう。

西日本・読書館 2007.8.12

夢族が出入りする絵と詩　『夜の小さな標』小柳玲子

花神社

漆黒の表紙に控えめな金文字のタイトル。縦長の小枠にはF・クノップフ描く神秘的なメドゥーサの絵が美しい謎を投げかける。

この詩集は著者の心を捉えた絵と画家に寄せる詩篇からなり、洗練と韜晦《とうかい》の霧が漂う。詩集自体が夜に浮かぶ密かな美術館のようで、美、憧れ、失意、微毒、笑いなどの夢族が出入りする。詩を敬遠する人も物語の種が詰まった贅沢な掌編集として読めるだろう。

冒頭詩「夜明け」より。〈ひとつの目だけが大きくひらかれているのを／私は眠りの中で分かっていた／／傷の多いトランクに傘とコートを仕舞い／私は古い版画を売る旅に出るところだった〉。闇に満ちた家の玄関に入ってきたバスに乗って〈私〉は出かけた。

〈もっと向こう　もっと向こう　おまえのトランクは消えかけている／二度とこの世には戻ってこない（略）親しくはない　あの／奇妙なものたちと一緒に　二度とはこない夜の中に／畳まれていく〉

他の詩を読み進む。〈私〉は偏愛する画家の画集を編むために遠くの美術館や旧地を訪ね歩いているらしい。凶夢のようなデルヴィル、フィニ、クノップフなどの絵、愉快なニカラグア農民の素朴画、渦巻きパンの夢となるフンデルトワッサーの抽象画など。

その絵を知らずとも詩の魅力は変わらない。戦時下の少女が心に留めたものは長じても消えず、その記憶が彼女を夢と現の遠い旅に駆り立てたのである。世界で唯一というメンデルスゾーンの画集もそうしてできた。

かつて〈私〉の町に赤い粗雑な建物があり、「夢人館」とのネオンが点滅していた。〈「あそこには夢一族が住んでいるのさ」と若い叔父は私に言った〉。だが第二次大戦末期、ネオンは外されカーキ色という枯葉色に変わる。〈秋が来るのだ。眠りの中で私はそう思った。／しかしもっと深い暗がりの中から、兵隊さんの色だよ　と若い叔父は言った〉

引用詩の〈あの奇妙なものたち〉こそ夢一族で、この騙詩絵《だましえ》の住人。ちなみに、著者は『夢人館シリーズ』という稀有な美術全集十巻を単独で企画編集した詩人である。

西日本・読書館 2007.9.16

プロレタリア詩を超えて　『内田博　詩と人生』阿部圭司

無極堂

福岡県大牟田の詩人、故内田博。かつて晩年の姿だけを私が漠と見ていた詩人の、鮮烈な作品と生涯に深く胸を衝かれる。

どこまでも人を宥《ゆる》すようなあの温容さは、ぎりぎりの処で激しく生きた人のみがもつ、澄んだやさしさと哀しみだったのだ。それが、九州で唯一のプロレタリア詩人と認められながら、政治思想の僕に終わらぬうつくしい数々の詩を書かせたのではなかったか。

そんな詩群から「悲しき幻覚」のほぼ全行を。〈風と共に少年は来るのであった／いく夜も　いく夜も／地に鳴る木の葉のような跫音を／幽かな少年の跫音を私は聴いた。／それを防ぐ術はなかった／敗れた障子の隙間から／蒼く光る鏡の面《おもて》から／少年は歩み出て来／そっと私のうすい胸をゆすぶるのであった。／青いみずうみを見たことがありますか？／（三行略）細々と少年ははにかみながら／あそこが死ですよ／あそこが死ですよとささやき／ささやきながら／暗い壁の中に消えて／ゆくのであった……〉

破れたではなく、〈敗れた障子〉に目が留まる。内田三十二歳、一九四二年刊行の『悲しき矜持』

に収められた詩である。年譜によれば、二十二歳で日本プロレタリア作家同盟員となり、多くの詩歌発表と政治活動で何度か検挙と逮捕を受けた。詩集刊行の前年、生活を心配した友の世話で映画館に職を得るが、「天皇制を認める」との転向声明を提出せねばならず、同年に長男誕生。この詩が戦時下の暗雲だけでなく、自信の齒嚙みするような現実の切迫感から生まれた抒情であることに感銘を受ける。

官憲の監視下の抵抗、筑豊や三池の階級闘争をうたっても、内田の詩はプロパガンダの言葉でなく、詩が主義主張を超えるのだ。その辺の事情を、アナキズム詩人で評論家の秋山清が解説（再録）、詩人像を浮き彫りにした。同氏と詩撰集編者、阿部圭司の記す詩人論は厳しく温かく、際立っている。

綿密な年譜は長男・麟太郎が作成。博は苦渋の中から「父子問答」他で幼子に心を寄せ、絵本作家で詩人である息子は本書刊行で、父のはげしく、やさしい詩と人生に愛ある答を返した。プロ文芸史の資料としても貴重な一冊の定価（一〇五〇円）にこめる意味は大きい。

西日本・読書館 2007.11.25

隣りあう反骨と優しさ　『生きているかぎり　私の履歴書』新藤兼人

日本経済新聞出版社

「原爆の子」「午後の遺言状」などで知られる新藤兼人は、一途な信念を貫く映画監督である。しかも九十六歳にしてなお新作を問う。

ヘビー級映画人の自伝に一瞬ひるむが、読みだすや、虚飾のない文と人の在りように惹きこまれた。映画の鬼、などとは言うまい。伝わるのは、「家」と「人間」に生涯のテーマを置く監督と同志たちのまっすぐな心の深さである。

新藤は広島の大きな農家に生まれ、家族に愛されて育つ。少年時に一家離散の憂き目に遇《あ》うが、他人を恨まず羨まず、といったこの家族の気風と愛情のたくわえに私は打たれた。姉は親の反対を背にアメリカ移民に嫁ぎ、五十年後に再会した弟に言う。「カネさん、わしはのう、結納金につられてアメリカへ来たんじゃないよ。それだけはいうてつかあさんなよ」

貧乏と煩悶《はんもん》の中、愚直なほど映画にひたむきな男は、脚本作家として地歩を固め、監督への道を歩きだす。そこで授けてくれた名匠や仕事師たちとの交わりは美しく、とりわけ苦境の中で信頼と協力を寄せた二人の女神を抜きにしては、新藤兼人の映画人生は語れないだろう。

一人は彼が駆け出し時代に一緒になり、結核で亡くしたスクリプターの久慈孝子。後年の「愛妻物語」のモデルである。もう一人は、その孝子役に名乗り出た乙羽信子。宝塚から大映に引き抜かれたばかりで、監督ならずとも「乙羽さんの行動力には後々も驚かされる」のだ。

彼女は「原爆の子」にも志願して永田社長に直談判の上、契約を破棄させる。華やかなスターから独立プロの女優に一転、生涯、新藤を支えた。やがてモスクワ映画祭で大賞を獲る「裸の島」では、孤島に天秤棒で黙々と水を運び上げる役である。肥桶を示されて躊躇もなく引き受けた彼女は、酷な役を弱音も吐かず務めた。

本書は拝金主義とは無縁の映画つくりの話だが、特に映画好きでない方にもお薦めしたい。邦画全盛期の豊富な写真は雄弁で、社会への反骨とやさしさが隣りあう一冊だ。

西日本・読書館 2008.7.27

金持ちよ大志を抱け！

『佐藤慶太郎伝—東京府美術館を建てた石炭の神様』斉藤泰嘉　石風社

徳と金銭とは相性が悪い。つくづくそう思えるような事件が増え、いちいち驚いてもおれない。しかし、『佐藤慶太郎伝』を読み、福岡県若松の一石炭商が日本初の東京府（都）美術館建設費の全額を寄贈したと知って驚いた。

本書によれば、明治元年生まれのこの篤志家は若き日にカーネギーの伝記に感動して、「他日金銭を以《もっ》て人類社会に奉仕しようと決心した」のだった。彼には、大きな徳と金が同居することができたのである。

一九二一（大正十）年、日本に常設美術館を切望する新聞の社説を見るや、慶太郎は東京府知事に電話をして建設費の寄付を申し出る。東京出張中のことで、半年後に百万円を現金で納めた。今の三十三億円に当たる額は、資産の半分だったという。刻苦勉励を経て事業でなした私財を自分の贅沢に使わず、終生、世のためにという初志に従った。

ここで清廉にも富にも縁がないどころか、微小な募金にさえ逡巡《しゅんじゅん》する私が、同県というだけで佐藤自慢に走るのはおこがましい。けれども金で心をなくす人が多い世だからこそ、ただの金持ちと富豪の違いや、現在の美術館問題にまで思いはめぐるのだ。

そういえば、近年はメセナ（企業の文化支援）という言葉をとんと聞かない。マスコミの喧伝《けんでん》もあって猫も杓子もメセナの一時期があったが、いまや企業も自治体も生き残るためにはなりふり構わない時代だ。

そのメセナの元祖ともいうべきメディチ家で有名な、イタリアはフィレンツェに二度行きながら、あのウフィツィ美術館に行かなかった私はよくからかわれ、なんてもったいない、という顔をされる。

そんなにもったいないかなぁ。どこでも美術館みたいな都市である。二回とも入らなかった理由はあるのだ。以前はルーブルもプラドもちゃんと行ったのだ。ピカソ美術館以外は人ばかりで、何をどう観たのか記憶にない。代わりに、建物や内部装飾などが印象深い。

思うに私は美術自体よりも館に興味があったのではないか。何しろわが福岡市では長い間、美術展はデパートで観るものだったから、一九六〇年代の在京時には学びもせずに文化施設の集まった上野の森によく行った。鬱蒼《うっそう》とした緑の周辺は、私にとって西欧文化への憧憬と疑似体験の充たされる場であり、本物抜きで夢想に遊ぶのは貧者の特権である。

当時は赤坂離宮（今の迎賓館）が国会図書館だったし、そういった都内でお気に入りの場所のひとつであった。これは図書閲覧や美術鑑賞という本来の目的とは別の愛好である。要するにハコ好き。

文化のハコ物行政が槍玉に上るが、どうぞ資金さえあれば、簡単に壊せない堅牢《けんろう》なものをお建てください。都市景観として和むし、行く人もあれば、行かない人もあるだけだ。

現在、全国に公・私立の美術館がどれくらいあるのだろうか。あの世の佐藤が知れば、さぞ驚くだろう。そして自分が寄贈した重厚な美術館が、美の殿堂として長年親しまれていたのに、一九七五年の新美術館建設時にとり壊されたと知ればもっと驚くだろう。日本美術界の大恩人とまで呼ばれながら、玄関にあった佐藤の銅像も、一時期は収蔵庫にしまわれたままだったと、著者は憤慨気味だ。

著者の斉藤泰嘉氏は同館の元学芸員で、少年期の思い出もある都美術館の歴史と佐藤慶太郎に興味を抱き研究を続けてきた。現在は筑波大学芸術学系の教授。資料の丹念な参照や探訪をもとにした衒《てら》いのない記述からは、篤実な等身大の主人公が浮かび上がる。勘違いしないでください。その等身大というのが超特大のサイズです。

彼は事業を閉じての晩年、国民の生活習慣の改善を願い「佐藤新興生活館」を設立運営のために、百五十万円の私財を投じた。建物は現在、神田駿河台の山の上ホテルになっている。これまた文学者にとっては別格の宿。美術と文芸の象徴的な二つの建物が佐藤の力によるというのが面白い。すぐれたハコは大切にされて長く残るのだ。

これほどの人物が地元でもあまり知られていないのは、なぜか。推測すれば、施設が遠い東京であったこと。財閥や企業「メセナ」でなく、個人であるがために企業イメージの宣伝と無縁だったこと。一時期修猷館に籍を置いたことも知られていない。つまりは、こういう人を「陰徳の士」というのだろう。

「自分一代で得た金は、世の中のために差し出さにゃ」が、佐藤の口ぐせだったとか。自分のために使うのがただの金持ちで、人のために使うのが富豪だ。何だかトーンが下がります。他人の財布のことをあれこれ言うのは、僻《ひが》みやたかりと同根みたいで。

せめて、言おう。金持ちよ大志を抱け！　自家用飛行機や豪邸なんて遠慮せずに、超富豪になって地球を丸ごとでもお買いくださいい、と。

西日本 2008.8.20

虫けらと侮るなかれ　『害虫の誕生―虫からみた日本史』瀬戸口明久

ちくま新書

「なぜゴキブリは嫌われるのか?」と帯にある。台所で敵に出遭ったごとく咄嗟に反応して手にしたのだが、真面目におもしろく読んだ。本書は虫と人との関係を日本の時代局面に添って研究した稀有《けう》な社会史の一冊である。

人は、むしが好かないなどというとき、どんな虫のことを思うだろうか。特定の虫ではなさそうだ。著者はまず漠然とした「むし」から「虫」として誘導される過程を興味深く示す。

現在は家庭での三大害虫は、蚊、蠅、ゴキブリといえるが、その「害虫」という概念は明治期になってできたと知って驚いた。それまで稲田を荒らすむしは一種の天災と受け止められ、農村では幟《のぼり》を立てた「むし送り」の祭礼行事の中で他所に送り出すものであったのだ。

やがて明治の文明開化につれ、政府の勧農政策として役場や学校の指導下に「農業害虫」の思想が広まっていく。駆虫に協力しない農民を取り締まるのは巡査というサーベル農政が地方に及び、さらに昆虫学の発展もあり、農業害虫から病原菌を運ぶ「衛生害虫」への啓蒙が進む。

報奨金付きの駆虫運動が学童を対象に展開されるばかりでなく「害虫駆除唱歌」なる教育歌が明

治30年代に流行。〈大御心を安むるが本分なるぞやよ皇民〉といった楽譜に呆れ、太平洋戦争下に小学生が集めた害虫の詰まった壜の写真を見てぞっとする。それは生理的嫌悪以上に、皆が一斉方向に走ることへの恐怖。何しろそのとき数えた幼虫が13万5827匹とある!

こうした清潔第一の衛生観念と近代国家の成立、戦争兵器としての害虫や薬物の両義性、あるいは川端康成も描いた浅草の昆虫館など、視野の広い事例と図版が読者の理解を助ける。

ここでは虫けらといえども、日本の近代化から現代に至る社会の貴重な証人だ。科学者の文に衒いはなく、今日の安易なエコロジー思想にも一石を投じるばかりでなく、科学と人間社会を結ぶ好エッセイとしても飽きない。

西日本・読書館 2009.10.18

どんな動物も文学の友 『うたの動物記』小池光

日本経済新聞出版社

これは詩歌のこころを動物の名や生態を通して記した、現代歌人の奥深いコラムエッセイ。詩、短歌、俳句の愛好者にかぎらず、ことばとイメージの連想ゲームのようにたのしめることを請合う。

各篇の入口からして、もう魅力の罠に嵌《は》まる。例えばキツネ。「きつねうどんを直訳すれば、フォックス・ヌードルである。なんのことか、わからない」。あるいは「遠い熱帯の爬虫類であるカメレオンには和名がない。いささか残念なので和名を考えた。変幻自在蜥蜴《とかげ》。というのはどうだろう」。うーん、よくぞつけたり！

続けて『山月記』などの名作を残し夭折した中島敦が紹介され、作風から想像する禁欲的な人柄とは別の多趣味多才の愉快な面を知る。『かめれおん日記』という小説を書いたこの作家にはカメレオンを詠んだ短歌もあった。「蠅《はえ》来ればさと繰出《くりいだ》すカメレオンの舌の肉色瞬間に見つ」

締めはこうだ。「学校教師をしながらひとときカメレオンを飼っていた。変幻蜥蜴に魅せられた孤独でしかし好奇心いっぱいの文学者の心の中、あらためて思う」。明暗の幅と深みを知る歌人小池光の心をも私は思う。

読むうちに斎藤茂吉、寺山修司など著者の愛好する作家たちがおのずとわかる。朔太郎もその一人で、詩「雲雀《ひばり》料理」を引き、「ささげまつるゆふべの愛餐《あいさん》、」と始まる七行詩をこんな風に。雲雀の声という「得がたい天上のそれを皿の上に盛って、やるせなくも、ものぐるほしい幻想の料理とする趣向だ。ましてただの食事でなく『愛餐』であれば切なくもうら悲しい」

とにかく大は鯨から小は蚤まで、架空の動物では麒麟、河童と105種の動物が好悪美醜を超え、文学の個性的な友として登場。俳句と短歌の違いや鑑賞、作者の心境、そして楽しい雑学の豊かさ。それらが各話二頁ごとに詰まっているのがうれしい。

ちなみに、漂鳥、雪客、歌女とも書く動物は？　みみず鳴く、亀鳴くの季節は？　こんな関心につられて読むのも一興。虚飾のない文にじんと来るかと思えば、ときに可笑しく、何よりもこの一冊を静かな独り居の友に加えても裏切られない。

西日本・読書館 2011.10.2

描く悦びに溢れた老絵師の肉声　『ヤマの記憶─山本作兵衛　聞き書き』西日本新聞社編

西日本新聞社

一冊の画文集の中から作兵衛さんがやって来た。そうして、毎日少しずつヤマ（炭鉱）のむかし話をしてくれる。いきいきと力強く詳細で見飽きない絵を広げながら。

男は太い眉、かっと見開いた目、くいしばった口。女は柔らかな色白の頬に大きな眸《ひとみ》。辛くむごい場面もあるのに陰惨でなく、坑内で働く姿は半裸に近い格好であっても卑猥ではない。彼らこそ「プロレタリア中のプロレタリア」と、明治生まれの作兵衛さんは語る。

その絵は7歳から炭鉱の仕事に入り長年ツルハシを握った手を60歳過ぎて絵筆に持ち替えて描いたものだ。見開きの右に作兵衛さんの語りが、左に炭鉱で働き暮らす人や専門技術工具の墨絵に添えた文がある。いずれも正確なだけでなくヤマの人びとへ寄せる誇りと情が自然に滲《にじ》み出る。

話が絵を誘い、絵が話を誘い、交互に読み眺めながら、毎晩わたしは熱く静かな時間を過ごした。ボタ山を風土の景観としてだけ見ていた自分を知る。炭鉱の労働といえば思い浮かぶ採炭夫の先山と後山だが、ほかの様々な技能の分担を知る。そのつぶさな説明と絵が記憶の再現によることに感嘆する。

中で目を引くのが、ヤマの男の艶振りである。その好例が「わしのサマちゃん　ハコ乗り回し」とうたわれた、石炭箱を捲き上げる機械の棹《さお》取り役。瞬時の早業を要する危険な任務で、ヤマの花形といわれた。表紙カバーにも使われた男伊達を見て欲しい。

この乗り回し。「頭は流行のハイカラさん。白木綿のサラシで後ろハチマキをキリリとしめ、その余りを海兵帽のようにハタメかせ、新調のズボンに注文造りの紺の脚絆。紺の足袋。あつらえもののワラジをはき、燃えるような紅胴巻。ケバケバしいズボンツリ」と絵も話も細部に及ぶ。

細身のズボンにサスペンダー。新調の白シャツに白手袋。一仕事終えれば、きっと炭で汚れるだろうに、それを承知の心意気。「乗り回しは色男の代表のようにヤマのジョウモン（娘）さんにもてました」。そう語る老絵師の口調に愛情こそあれ、皮肉や妬みが微塵もないことに感心する。

これまで筑豊の地を全国的にする、意義深い本は何冊もある。その多くが暗い社会のどん底という負のイメージを背負っていた。それは事実だっただろう。だが、人びとの生きる喜びや楽しみは社会歴史とはまた別のところにあるということが本書から伝わる。

明治時代からの技術の近代化、精密な機械の図面、子どもたちの遊び、ユーモラスな祭りがあるかと思えば、イレズミ男たちの喧嘩やしごき。事故や搾取。男女の恋情と手ぬぐい一本にも込めた洒落っ気。火番所という坑内の回しキセル喫煙場など珍しい習慣も。

本書は30年前本紙に連載された聞き書きの書籍化。新たな解説や写真、増やした絵の再配置が理解と興味を深める。ユネスコ世界記憶遺産の登録を機に関連書の再版が相次ぐ。しかし、オリジナリティーという面では山本作兵衛その人の肉声が聞こえる本書は第一級の書籍遺産だろう。まさに、描く悦《よろこ》びに溢れた絵師による炭鉱百科全書と呼ぶにふさわしい。

西日本 2011.11.9

夢採集に流れる慕わしさ　詩集『時間の矢　夢百八夜』田村のり子

コールサック

この詩集を読み進みながら驚きとよろこびに深く揺すぶられた。田村のり子という詩人はこんな不思議ですこし怖くてうんと魅力的な詩を書きためておられたのだ！　何よりも百八の短い散文詩の霧の中から、懐かしい既視感のような慕わしさが浮かんでくるのが素晴らしい。

田村さんは、ただ一度ご挨拶程度の対面だけで、よく知らないまま遠くに仰ぐお人だった。彼女のことをしっかり者の知的で優しい長姉という人物像を勝手に描いていた。それは、ここ数年いただく詩誌「山陰詩人」の確実な継続力や文学風土記編纂などから、懐の豊かな人間性が自然に伝わるからである。

また、だからこそ行き当たりばったり人生を漂ってきたような私には、ちょっとかなわないなぁ、という畏怖の念も生じるのだった。

だが、地に両足をつけてきっちり歩む人と映っていた田村さんの片足は、実は長いあいだ密かに地を離れていたのである。その文学歴をよく知らないままで彼女に惹かれていたわけが今になって判ったのもうれしい。

まず、扉を開けるや虜となった表題詩は、本書を象徴する作だから全行を引く。

時間の矢
幌《ほろ》のあるトラックにギュウ詰めに立っている子供たちど
こへ向けての出発か　見上げていると六歳くらいの子が話
しかけてきた　「お母さんは僕が十三のとき七つで死んじゃ
った」「えっ？　君はまだ十三になっていない　それに七
歳の母だなんて聞いたことがない」　でもそうなんだ……と
子供は悲しげに言い張る
　きっと真実なんだろう　この世は矛盾に満ちていて　何
ひとつ合理的ではない　それにヒトの子の時間の矢にも
方違《かたたが》えというものはある　とだんだん信じられてくる　う
ん

冒頭場面に戦時下の逃避行や学童疎開を連想した。ただ、六歳の子が話す内容はどう考えても計算が合わない。でも悲しげに言い張る子の「真実」を、著者と共に受け入れた。
「時間の矢」にゼノンの矢など思いだしていると、〈時間の矢の方違え〉とあっさりかわされる。

あの逆説は亀とアキレスだけでなく、ヒトの子にもあるのだ。不合理でもそう考えないと切なくて、この子が浮かばれない。

それにしても、この男の子や著者の脳内時間は一体どうなっているのだろう。年齢に何か重大な理由がありそうだが、事実を無理に知らなくてもいいではないか。

不合理ゆえに詩を愛す。詩を整合性によって読むのはつまらない。深層心理や精神分析論と芸術の関係には興味を持っているが、それにあわせて読み解くのは詩のおもしろみを損なうことがあるものだ。臆病なくせに私は幼いころから理屈に合わない怖いものに惹かれる。不思議でちょっと妖しい夢語りを好む傾向は今も健在である。

本書にはうっすらと奇妙な謎を残す詩がいくらもあるけれど、「いくらみぎめ」という詩もそのひとつ。ひどい雨漏りで溢れそうな金盥《かなだらい》を数人の少年たちが屈み込んで見つめている。〈私は不安で胸が詰まりそうである。三郎さんは安来の方の病院に行ってしまったし……〉。そこへ十歳くらいなキレイな少年が大事な伝言をもってパジャマ姿で飛び込む。訊くと、「いくらみぎめ」と名乗り、差し出した紙片に「いくら右目」と書く。

この少年の名前だけでもう充分に不穏ではないか。何の説明もないところがなおさら不安を掻き立てる。三郎さんはずっと昔に死んだ夫であることだけがわかるのだけど。

田村さんの詩中の少年は鏡花や八雲の雰囲気を漂わせる。〈ふと気配に振り向くと誰かが『触って』と言った　馬でも牛でもない悩ましい少年が立っている（「厩で」）〉。夜読んでいて私は思わずぞくりとした。

かと思うと「女装の男」では、女装の見知らぬ男と野末のトロッコに並んで腰をおろし、〈ふしぎに胸がときめいてくる〉なんて、ふんわり可笑しくなった。「暮春の路地」の線路工夫風の人たちの情けないような、のんびり感もそうだが、田舎での妙なできごとなど、つげ義春の趣を彷彿とさせる。

田村さんの詩はモダニズムもユーモアも備え、全てにしなやかな筆致の節度がある。そうして、詩集の遠景から湧く霧の中を幾度も通る三郎さんの後姿に、いつしか私も見覚えがあるような気がしてくるのだ。

多くの人が夢の詩を書く。だが、この夢採集には風土と人への慕わしさが流れている。そこが一番田村さんらしく好きなところだ。


詩誌「コールサック」71号　2011.12.28

シャイな遅咲きの詩人　『嵯峨信之全詩集』嵯峨信之

思潮社

〈詩はどこをさまよい歩くのか／自分に帰るために　自分から遠ざかるために／夜はぼくの心のなかに眠る（「詩はどこを……」より）〉

本詩集に限らず、ふつう研究のためでもなければ厚い全詩集の通読はお勧めしない。けれども胸に響く詩句に出遭うと、やはり手元に置きたいと思う。

冒頭に引いたのは、詩集『開かれる日、閉ざされる日』（1980年）所収の短詩から。この心境、詩を書く人なら覚えがあろうし、そうでない人にも、作者が抱いた「詩」への思いは伝わるだろう。

嵯峨信之は宮崎生まれだが、14歳のとき一家で上京して、都内各所、宮崎と移り住み再び東京へ。若くして苦労の波を潜ってきただけに、逸話の多い詩人と幾人もの人から聞いていた。そのせいもあり、名のみ知る詩人の年譜を半自叙伝のように読んだ。

文学を志した嵯峨は居も職も転々とした後、25歳で文藝春秋の編集記者となる。菊池寛社長から洋服を作ってやると言われて最高額の英国製生地で仕立てさせて苦笑を買うなど、神話を生む大物たちの時代だったが、同社に長く留まってはいない。

彼が再び詩に向かうのは遅く、詩壇の公器たる雑誌「詩学」の清濁併せのむ名物編集長として、苦しい経営を長く支えた。だが、自身の初詩集『愛と死の数え歌』刊行は55歳の57年だから、磊落《らいらく》に見えて実際はシャイな遅咲きの詩人だったと言える。

清冽な抒情詩が多く、中でも92歳での詩集『小詩無辺』の鮮やかさには驚く。〈井戸端に咲きみだれている山吹の花に／太陽が火を放つ／だれの嘘よりも／もっと見事な黄金色の大きな嘘のように「嘘」〉

また、〈丘に日が沈み／水がこきざみに流れ／やさしい空気が道に迷う／／別れることはいいことだ／なにもかもひとすじになって自分に帰つてくる「ここは何処なのか」より〉。しんと哀しいのになぜか安らぐ。

この詩行は嵯峨の告別式で配られたテレホンカードに、後姿のシルエットとともに印刷された。本人が知れば気に入ったにちがいない。

西日本・読書館 2012.6.8

「世間」なんて怖くない　『ほんとのこと言えば？　佐野洋子対談集』佐野洋子

河出書房新社

生きることにも死ぬことにもたじろがず、手加減なしに人を愛そうとした佐野洋子が9人の対談者とともに残した言葉。自分語りにありがちな鼻白む自己演出などなく、この人の愛読者にはこたえられない、対談の妙味満載の一冊である。

その内容は対談相手と主題を目次に拾う方が早い。幕開きの小沢昭一「猫対談」に続く河合隼雄「男の目　女の目」では、相手のとぼけた包容力に委ねた安心がいい味をかもす。明石家さんま「我が子は天才！」、谷川俊太郎「子供時代・絵本・恋愛」、大竹しのぶ「100万回生きたねこ」、岸田今日子「母親対談『お母さん』って恥ずかしい!?」、阿川佐和子「気がつけば石井桃子だった」では表現者の仕事つながりから世間や親子のことに広がり、本音の二重奏が痛快。

「生活を愛する」同じ物書きでも、山田詠美とは恋愛や旅行談など二人の対照的な違いが鮮明で、男を語る山田のアッケラカンぶりがかえって爽やかに響く。相手次第ではこうはいかないかも知れない。

相手はその道の第一級人ばかりだが、特に公開対談での評言が絶妙だ。佐野と新婚（？）中の谷川とは、子供時代を問われ、「あたしは育ちが悪かった」「俺は育ちがよかった」と笑わせ、徐々に核心に入る。純粋培養の世間知らずな国民的詩人と、小学生にして世間を向こうに回し、世間など超えた絵本作家。同業者としての佐野は、谷川の代表作を「感心はしても感動はしない」と言い切る。大詩人の余裕か、惚れた弱みか、谷川の形無しぶりが伝わるのが正直で悪くない。

攻めと受けの対話が際立って精彩を放つのが、おすぎとの「ここだけの話」。佐野がはまった韓流ドラマなど、ミーハー的話から社会・文化の深みを突くのが見もの。田舎の人と田舎者の違い、志と愛国心、人気作家のつまらなさなど、ただの毒舌でなく、ここに紹介するのはもったいないから、読んでみてください。

対談者の共通項は偽善を嫌う本音の価値観で、基本は人への関心と温かさ。欲を言えば、価値観がずれる著名人との対話も読みたかった。

西日本・読書館 2013.6.30

島魂のうめき　『ワイドー沖縄』与那覇幹夫

あすら舎

これは沖縄の〈煌めく闇〉を著者の半生と島の歴史風土に重層させて炙り出した詩集。中でも「叫び」という一篇の詩は、永くこらえ続けた〈島魂のうめき〉のような絶唱だ。

闇は夜だけの領分でなく、眩しい陽光に潜む闇こそ魔界であり、地獄でもある。それを氏は〈煌めく闇〉と呼び、そこには遠い父祖の血の記憶、夢や絶望が息づいている。〈そう私は、遥かな血の流れの一滴〉。

詩「叫び」は秘められた宮古島の事件を下敷きにする。敗戦後間もない白昼に11人の米兵が夫の前で妻を侵す。最後の一人という瞬間、〈ワイドー加那、あと一人！〉と夫は絶叫した。ワイドーは、耐えろ・しのげ・頑張れ、という意の宮古言葉。

この夫婦愛の叫びを、〈言葉を超えた言葉〉と氏は呼び、嘉手納から辺野古と襲われ続ける守礼の島のために、「ワイドー沖縄」と島栄《しまばえ》の言葉を独り紡ぐ。肉化した現在詩が遠く近く余韻を残す。

西日本・読書館 2013.12

変幻する水の誘惑　『イバラ交』浦歌無子

思潮社

先ず詩集の不穏な題と繊細で秘密めく表紙に惹かれた。「茨交《いばら》」なら重くてこうはいかない。変幻する水の誘惑、少女性に潜む甘い毒、耳が感応する音とことばのリズム。これらの特質は初詩集にもあったけれど、その自己模写に終わらず、新たな饒舌体と感情の切断が生きた。

表題詩は、朝目覚めると〈井戸の国〉から〈あの子〉がやって来て始まる。その会話がずれていく悪意の匙加減が少女の自尊心と痛々しさを引き出す。〈あちらの国で指に棘が刺さりましてね、／わたしは名前を改名せざるをえませんでした〉。元茨姫・イバラの斬新なつもりの格好や台詞へのツッコミと応酬、謎を含む神妙な台詞からの連想が奇妙な痛覚と笑いを生む。

この第三者の目が自己陶酔を免れて、全篇をより奥深いものにした。井戸の水底は〈異土の国〉に通じる。生々しい肉感のない少女が脱皮の果てに、見知らぬ異土で知る老いは？　などと思えば、そんな詩もちゃんとある。

西日本・読書館 2013.12.22

新しい女たちと飛行機　『お嬢さん、空を飛ぶ』松村由利子　ＮＴＴ出版

このノンフィクションの副題は「草創期の飛行機を巡る物語」。女性パイロット誕生までの経緯と社会情勢を縦横に辿って読ませる。綿密な資料調査と取材、珍しい逸話と写真に加え、知と情を備えた著者の思いがペンでの飛行をものにした。

始まりは米国の図書館が保管する日本からの２００通を超す手紙だった。それらは大正時代に来日して飛行をみせた女性、キャサリン・スティンソンに宛てられたものだ。その話を知った著者は二度渡米して書簡類を読み、空に憧れた女性たちの情熱の旅に連なったのである。

若い女性をはじめ、さまざまな人たちが英語や毛筆で綴ったファンレターめく手紙の束は、当時の興奮ぶりと一緒に１００年近くも書庫で眠っていた。受取人は一体どんな人物だったのか。

キャサリンの来日は１９１６年。飛行機さえ珍しい時代に少女のような米国女性が曲芸飛行を披露するというのだ。その熱狂的歓迎と報道は興行主の手腕だが、50種類以上の絵葉書が売れたのは、本人の着物姿や言動に日本人好みの魅力があったせいもある。また、当時の絵葉書は、イベントから災害まで記録性をもつメディアの役も担っていたという指摘は腑に落ちる。

実際の飛行を自宅から見た与謝野晶子は、元音楽家志望だったパイロットの不屈の精神に感動し、「スチンソン嬢に捧ぐ」という賛辞を新聞に寄せる。著者によれば〈キャサリンを称賛しつつ、晶子は自分もまた「新しい女」の一人であるという自負をこのとき抱いていたのではないだろうか〉。

ここまでは序盤。他の嫋《たお》やかな飛行家たちもすばらしいが、本書の視野は広い。同乗を競う女性記者たち、新聞社の報道合戦、文学者や戦争と飛行機、女性宇宙飛行士の登場まで、どこを読んでも驚きの連続だ。著者の整備周到な名操縦に導かれ読了する。

西日本・読書館 2014.2.2

柔らかい空気　『一〇一年目の孤独　希望の場所を求めて』高橋源一郎

岩波書店

「弱者」とは何か。著者は、独りでは生き難い境遇の赤ん坊から老人までの生と死を取り巻く問題に目を向け、様々な人と施設を訪ね、心と耳をすませた。小説家の感知力と恥じらいが伝える初の探訪記は、こわばった考え方を解きほぐす。

たとえばダウン症の人たちの絵画教室。そこはなぜ豊かな夢の時間で充たされているのか。その鍵の一つに得心がゆく。うまく言葉が出ない少年から逆に感じ取られてしまう感覚を、主宰者は「柔らかい空気感」と表現し、「現代社会のなかで失われつつあるものではないのか」、と直感するのだ。

クラスも教科も試験も宿題もない、子どもの村学校を北九州から南アルプスまで四カ所に作って車で回る校長さんと愉快な学校生活の話もいい。遊んでばかりのようなこの学校が文科省認定であり、ここを出て普通校に進学した子が十分に学力を伸ばす事実はうれしい驚きである。

その秘密の鍵は、「まず子どもを幸福にしよう。すべてはそのあとにつづく」ということばだった。この文言の子どもを認知症者に置き換えれば、徘徊自由、束縛なしの老人学園にならないか。

現に福岡市にある、近所の住民たちと歩む「宅老所よりあい」の温かい涙と笑いの話も紹介される。「子どもホスピス」では、死を悟った子どもたちがいたいけな神のように思える。「ここは悲しみの場所」でなく、「光に満ちた場所」であると写真の表情からも分かる。子どもと家族が安らげる場所、それが外国の話というのが残念で悔しい。

ほかに、ムーミン谷の住人に似た、「非電化」社会を薦める電気学者、過疎の祝島で30年続く老人たちの長閑《のどか》な「原発反対デモ」、観客がたじろぐ衝撃で迫る障がい者の劇団「態変」の舞台など。著者の自然な語り口から、弱さをもつ人と弱者、孤独と孤立のちがいを考えた。「坂の上の雲」を見上げ続けて100年も過ぎたニッポンはゆるやかに坂を下るがいい、と本書は告げる。

西日本・読書館 2014.3.23

口ごもる怒りの誠実さ　『アノヒカラ・ジェネレーション　東日本大震災と東北の若者』

京都造形芸術大学東北芸術工科大学出版局藝術学舎

笠原伊織

宮城県の一大学生が「アノヒ」を体験した同年代9人の今を尋ねるインタビューをもとにした、異色の優れた3・11ドキュメンタリーである。

まだ未成年だった9人はアノヒ、多くのかけがえのないものを失った。一旦は希望までも。三年後に一人ひとりが見つめる重い体験、今の心と姿勢、誠実な聞き手。よくぞ、と感嘆するしかない。

海外での医療活動を夢見ていた佐藤慎は、仮設住宅で猛勉強し医科大に合格。医療器具がなくとも患者の支えとなった尊敬する医師を目標に地域医療の道を選ぶ。静かに語る彼の誠意を著者は〈最後まで、佐藤さんは僕の目を見ていた〉と。

フォトグラファーの門馬太一郎は震災当日、〈今、撮らなきゃと思ったんですけど、撮れなかったんですよ。今は撮っている場合じゃないと思って。なんかそれを、ちょっと悔やむというか…〉。震災後は福島の写真を撮り続け、取材にも同行。

高一で震災に母を奪われた佐久間楓は〈絵とか文学の言葉で間接的に伝えることが必要だと、この頃、私は思っています〉。奨学金を受け、文芸学科で「言葉の力」を学ぶ本好きの女子である。

在学中の石巻高校から燃える町を見た網野百合は、政府と原発に怒れる芸術家だ。〈安倍首相は「アンダーコントロールしてるから大丈夫」なんて言って、〉〈福島が本当に安全なら、原発のすぐ近くに住んで、三食、福島産の物を食べてみてくださいよ〉。ある時から悲しみを引きずらないと決めた彼女は最近、長編小説をある賞に応募した。

誰もが気負いなく話すのは聞き手の人柄か。政府の欺瞞《ぎまん》と東電への怒り、五輪誘致、レプリカ一本松への疑問、被災地と西日本の意識の差への憤懣《ふんまん》。被災圏外の者は耳に痛い言葉にぐっとくるが、だからこそ、一人でも多くの人に読んでほしい。

さらに、広い視野から核と将来への警告を説く、京都大学原子炉実験所の小出裕章氏への特別インタビューが千鈞の重みを加える。

西日本・読書館 2014.10.26

生類のえにしに添う　『祖さまの草の邑』石牟礼道子　思潮社

優れた天性の詩人というのはこのような人のことだろう。いや、詩に限らず広い意味での「うたびと」であるとあらためて強くおもった。

〈南瓜どの〉に来歴を問うては、一粒の種が〈人間の物語りにも／わずかばかり寄り添ってくれて／心の秘境をつくってくれたと思いたい〉と。祖《おや》さまから受けたいのちを生きてきたタコやイルカや虫やみみずや野の草木とともに、「うたびと」は心願の国に続く海辺や野道をどこまでも歩き続ける。

水俣の悶え神が修羅を潜った霊と離れがたいことは、〈会社〉の裏で〈うをおーん　うをおーん〉とうなる「蟇の蟇左ェ門」にも、「於古世野魚万呂《おこぜのうおまろ》」などにもうたわれ、古語ぶりで語られる「おしゃら恋唄」、「天の鳥舟」では哀切な女の情念が美しい。

巻頭に置かれた「幻のえにし」中の詩行がいつまでも胸に響く。〈いまひとたびにんげんに生まるるべしや／生類のみやこはいずくなりや〉

西日本・読書館 2014.12.28

春風駘蕩気骨之苦言　『老骨の悠々閑々』半藤一利

ポプラ社

粋な本である。けれども、和服を着こなす文化通の酢豆腐ではない。自称「歴史の探偵」の、奥深いエッセイ集の滋養丸は折に触れて服用したい。

随所にやんちゃな下町っ子の名残と、のどかな春風に潜む反骨の精神がさらりと顔を出す。押しつけず、ひけらかさず、図書館級の教養も語り過ぎずに手前で止める。粋のほうから、85歳悠々先生の気骨の身になじんでいる様子で、飄逸《ひょういつ》な自作版画にも通じる。

「沙漠の詩」では井伏鱒二に倣い、漢詩を自己流に訳す。〈馬を走らせて西来　天に到《いた》らんと欲す〉で始まり〈平沙万里　人煙を絶つ〉で終わる詩はこうなる。

〈勝ッテクルゾト　勇マシク／国ヲデテカラ　モウイク月ゾ／ドコデ結ブカ　露営ノユメヲ／イクサハドロ沼　果テナキ曠野〉。

渺茫《びょうぼう》たる戦場を馬で疾駆する兵士のどんぐり眼と帽子。草を食む羊たち。5篇の詩と版画に兵の望郷の想いが沁みる。また、各篇につく三次加工の洒脱な転用詩はサービスか。ちとやり過ぎ、ぞなもし。

「文学的な話題から」では、私は漱石の人間性と作品の真髄に初めて触れる思いがした。これまでの読んだつもりがあやしい。『坊っちゃん』を何十回も読んだ井上ひさしの、「読めば読むほど悲しくなる」といった言葉をしみじみ思いだす著者も、〈より深い意味で、漱石という人は何と孤寂の人であったことか〉と。

「漱石『草枕』ことば散歩」は、仙境の小舟で作中の言葉を選んだ含蓄多い導師談を聴くようだ。著者の勧めに従い、まずはわかるところだけにする。

ほか一貫する軽妙な語り口に油断すると、痛打を受けるだろう。「言葉で大いに遊ぶ」の章は、昔からの洒落、地口から喧嘩口まで、豊かに生きた言葉が愉しいが、〈使わなければ語彙はどんどん貧しくなる。語彙が貧しくなるのは、日本の財産が貧しくなるのと同じである〉。放送、新聞用語の自己規制で言葉がのっぺりした今、ほんとに勿体ない。

西日本・読書館 2015.9.20

表現の自由を護る　『戯れ言の自由』平田俊子

思潮社

まず、タイトルがいい。本詩集には稀有なこの詩人の真骨頂である笑いのリズムと観察力、批評精神、それにことばの葉裏に潜む不器用なやさしさがある。

歯切れ良さを予期すれば、巻頭にある「美しいホッチキスの針」の、心慰む詩に一瞬とまどう。あ、これは舞台袖で大災害後の出番を待つ平田俊子の真情なのだ。

戯れ言って何だ？　洒落、くすぐり、地口、語呂合わせなどの総称か。笑いには皮肉や毒も欠かせない。幕開けの軽妙に滑り出すことば遊びのような詩だけに終わらず、真剣な芸の冴えは「か」辺りから。

文末に〈か〉がつけば疑問文になる面白さを〈たった一匹、お尻に蚊がとまるだけで、日本語が化けてしまうのです〉。〈蚊は文学に興味があるので、虫偏に文と書くのです、か〉。いや、〈蚊は、ぶうんと飛ぶから虫偏に文〉。笑ったのが〈蚊がモスキートなら蛾はモズギード？〉。これは蚊と蛾の噺に入る前段。

〈蚊についてもう少しいわせてください〉。〈いざ蚊枕／生きるべき、蚊／死ぬべき、蚊〉。芝居、川柳、落語ネタと、鎌倉から実家に独り住む母の台所まであわれな蚊に同行した挙句、のっぴきならぬ所へ。

そこは、〈ガ、ダ、ル、カ、ナ、ル／蛾と蚊が飛び交う熱帯の島で／殺虫剤を撒くように／銃で撃たれて人間が死んだ〉〈高村光太郎の詩を読んで／死の底に飛び降りた人もいた〉。しんみりさせた後の関節ほぐ詩「そうだ皇居いこう」が堪《たま》らない。〈ちょっとサーヤに似ている〉著者の、一般参観皇居ツアーだ。

「四月十八日、晴れ、ソロモン諸島へ」で、詩の深みを見せる。南の海に軍艦と沈んだ伯父さんに、〈姪が初めて会いにいきます〉〈しおからい水に囲まれたあなたに実家の水を届けます／真水で溺れてくださいおじさあん！〉。痛切な「赤い夜」の初めは〈伯父の夜は海〉で、終わりは〈伯父の朝は無言／／享年十八〉。さりげなく平田詩は続き、私は誤解を恐れて言う。まじめ一直線の詩愛好家にぜひ、と。

西日本・読書館 2015.11.29

二宮金次郎に連なる大物たち　『幕末明治 異能の日本人』出久根達郎

草思社

さすが、歯切れいい練達の目利きによる人物評伝。読みはじめると中断はできない。記録に添いながらも隙間を埋める人情の細やかな描写と、登場人物の類いまれな人間力に惹かれっ放しになってしまう。そうして、報恩と無私の徳に連なる人びとに、気骨ある日本人の善きDNAを示された思いがする。

著者が選んだ第一の傑物は、あの二宮金次郎だ。貧農の家を助けて勉学に励んだ金次郎少年は、長じて節約と勤労を指針に、疲弊した村や小藩の立て直しを順次やりとげていく。彼の偉業を余り知らないで、あの像に親しんだ人も多いだろう。私もそうだった。

柴を背に書を読みながら校庭に立ち続けていた少年は、二宮尊徳と改名した後、ユニークな企画マンと同時に実践家として、多くの村民を自立させる。彼は、いわば地方創生の貢献者だが、元気で豊かな、とか、キラキラ光る、なんて歯の浮くような文言とは無縁である。そのやり方は、地道な努力と工夫で治水工事まで率先して身を呈し、農産物の出入を量り村の生活を守り、見返りは固辞して働く土地の人に分配した。

種々の尊徳翁伝が、学校教育の副読本になった時代がある。損得と功利追求に熱心な国会の先生方に、勉強会の修身お手本としてお勧めしたい。

が、徳は孤ならず必ず隣あり。金次郎がなした無私の積善に心酔した有為の大物たちが、彼の精神を受け継いでいく。その筆頭が幸田露伴であり、若き露伴の熱血と学の超人ぶりを示す多くの話は、大文豪の意外な晴朗さを伝える。この第2部は露伴が漱石、鷗外ほどに親しまれなかった文学史の謎を明かして読み甲斐がある。露伴の渋みと飄逸《ひょういつ》は著者によく似合う。

第3部には、清水次郎長の養子となって富士裾野開拓に努めた天田愚庵など。正岡子規、新聞人の陸羯南、勝海舟ほか、金次郎の縁に繋がるいぶし銀の群像中に思わぬ人を見いだせばうれしく、頁ごとの逸話を読み返すのが就寝時の愉しみとなった。

西日本・読書館 2016.2.7

こんな日本に誰がした　『B面昭和史　1926〜1945』半藤一利

草思社

昭和元年から昭和二十年敗戦の日までの日々を国民目線から綴った昭和史。政府や軍部中心の『昭和史』A面と対をなす。レコード盤B面に流れる血の通った歌こそ真の記録《レコード》だといえよう。

読みやすさは著者の視野と語りにあるが、編年体十話の各冒頭に置く歴史A面の概要が助けになった。例えば昭和は第一次大戦後の大不況とともに幕を開けた。異常気象による東北の凶作、欠食児童など悲惨な状況下に、政府と銀行への不信に陥った民心は、〈そのまま国にたいする信頼の喪失となり〉、鬱屈《うっくつ》した国民感情は「軍国主義外交」の始まりに合わせて外へ向かうことになった、と。

だが本B面の真髄は三面記事的世相の中にある。第一話〈「大学は出たけれど」の時代―昭和二〜四年〉のある日の新聞見出しには〈・大西洋横断飛行機　・失職して巡査から万引きへ　・空地に行倒れ〉など。生活苦からの自死女性続出があれば、高級品売り場の活況という生活格差に、〈いやはや、あるところにはあるのだ、と溜息がでるだけ〉。日本ラグビー協会発足、五輪大会の興奮とくれば、何か今の日本かと錯覚しそう。A面では満州事変に至る陸軍国家の強行策が進行中というのに。

文芸面では円本以来の出版ブームで多額の印税が入った文士たちの大名暮らしが続く中に、「ぼんやりした不安」から芥川龍之介が自殺。これら綿密な史実記録と東京下町の聡明なやんちゃ坊であった著者幼少期の回想が両面から昭和を照射する。

とりわけ、第四話〈大いなる転回のとき―昭和十一年〉中の、二・二六事件以降の日本とB面逸話から目が外せない。そこには歴史が苦手な私でさえ聞いていた涙も滑稽さもある。帯にこんな著者の文言が。〈民衆がかつてどんなふうに政府にだまされ、あるいは同調して戦争に向かったのか。これだけは書き残しておきたかった〉

西日本新・読書館 2016.4.3

女性アナキストの真実　『村に火をつけ、白痴になれ　伊藤野枝伝』栗原康

岩波書店

桜のころ入った書店で、不穏な気を発する本に引きとめられる。それが伊藤野枝伝だった。激情を抱いて生を疾駆した女性アナキスト故郷に帰る。

前に読んだ関連本の記憶もおぼろに、読み始めて思う。難点は出だしから面白すぎることだ。「読者と政府の皆さん、挑発に乗るな～」。だがネ、馬には乗ってみよ、挑発は受けてみよ。読まずには語れない。

ときは大正時代、野枝は社会の約束事に縛られず、向学心に燃え、文章を書き、本質的な欲望のままに生き、危険思想家に恋して投合し、政府に抗い、28歳で憲兵隊に虐殺された。ひとの迷惑なんのその。〈不倫上等、婬乱よし。それが人間らしくないといわれるならば、妖怪にでもなんにでもなってやる〉と、著者は野枝とともにフェミニズムの思想を再考する。

彼女の福岡での生い立ちや、辻潤、大杉栄、平塚らいてうをはじめ、錚々たる人脈図と事件を知らない人も、仰天逸話でつなぐ本書を手放せないはず。加えて、一途な野枝の言動に共感し、今この場で扇動するかのような、著者の声援まじる文体は評伝の硬さを消し、野枝を身近に感じさせて

世の常識を揺さぶる。

たとえば、女性解放誌『青鞜』の第二期発行を引き継いだ野枝は、無規則、無方針、無主義という編集方針を発表。その時、貞操、堕胎、廃娼という論争が起きていたが、彼女は識者の道徳的な善悪論など意に介さず、〈ああ、習俗打破！ 習俗打破！ それより他には私たちのすくわれる途《みち》はない〉と反論。すかさず応援席の著者は、〈やばい、しびれる、たまらない〉

著者はアナキストでなくとも、そこはアナキズム研究者。先行書や記録の検証も豊富で、野枝の純な自由思想を現在に重ねての惚《ほ》れ込み方のせいか、読後感は爽快。読者は不幸な時代の流言にも本書の刺激にも惑わされず、自身の考えをもてばいい。為政者に向かってたじろがぬ23歳の野枝に私もしびれるが、ゆる〜く生きる小心者の自由もある。

西日本・読書館 2016.5.15

ブン屋魂と戦後民主主義　『昭和の子』三原浩良

弦書房

〈私の小さな昭和史〉と帯にあるが、甘口の自分史とは一線を画す。地方記者魂の具現者たる硬派の辿る人生劇場は奥深く、公私ともに綿密な記録と検証から戦後民主主義が見つめ直される。

全国紙に採用されながら一貫して地方記者を志願した著者は、現場の内外から事件とともにあった。水俣病問題、炭鉱事故と争議、大水害に島原火山噴火など、前線の仕事は時間内の勝負と息長い取り組みの両軸をもち、それは後の出版業にも及ぶ。

知る人ぞ知る三原浩良という、信義に篤い新聞人の生き方と小出版社を引き受けた前後の顛末は、後半部に愚痴も自慢もなく事実を語って読ませる。が、そこに至る前半部にも私は惹かれた。

島根県松江に育った三原には、戦時統制網の外にいる突貫小僧的な健全さがあった。小国民の歌や国の号令・ススメとは無縁に、わが号令でススム「昭和の子」であり続ける少年に、後年の大人《たいじん》の姿が重なる。

銃後の子はやがて、混乱期の新制中学でのピアノ開きに「エリーゼのために」を弾くかと思えば、軟弱と謗《そし》られるや弱小運動部の応援団長に。高校では、講演した著名人に戦中の言動責任を問うて怒らせるなど、「民主主義のレッスン」に励む。

『六〇年安保』のかすり傷」残す大学とバイト生活から新聞人の道へ。初任地は福島支局だ。常磐炭鉱でのエネルギー革命問題など、新参記者が現場で培った視野と決断力は後に生かされる。

新聞の主要部署を歴任後、出版不況下に水俣資料集、山本作兵衛画集など友の手がけた本を世に出し、弦書房を起すや名著刊行を続けて帰郷する。根に息づくジャーナリズム精神を、クール日本の死語、真の〈ブン屋魂〉と呼んでも怒られはすまい。

姑息な権威を憎み、理より情に傾く侠気の人。一見、強面の好漢を最後のブン屋のひとりと呼ばねば、新聞魂も出版魂もすたりそう。

西日本・読書館 2016.7.10

無為のゆかしさと自由　『緑の色鉛筆』串田孫一

平凡社

串田孫一といえば「山のパンセ」。パンセといえばパスカルの思索。そんな連想以上には、串田山系の奥深い精神の強さを知らずに過ぎるところだった。上品で柔和な写真像を見なれていたせいかも知れない。

山の随想で知られる著者は、独行の登山家にして哲学思想家、詩人にして博物誌家、芸術家といくつもの顔をもつ。本書31篇の広い視野の随筆には抑圧もひけらかしもない。流れる知の香気は、知ること、考えることの歓びを読者にも分かち与えてくれる。

著者もまた、小学2年の女児による蟻地獄の観察記から、屋根の向こうの空、通りすぎる路地、電車の中にも見るべきものは沢山あると教えられる。「必要」の鎖を解いたこの章「見ることについて」に続く「知ることについて」「遊ぶことについて」は、1955年40歳時の文だが、老成の域にも思えて驚いた。

因みにどこかとぼけた「死に到る噦《しゃっくり》」や、たっぷりした月光を浴びての散歩中に来し方を思い巡らす「寒月の下での躓き」は、81歳時のもので、特に冴えざえとした寒月篇は清浄の境地を感じさせる。

時系列でない編集に工夫があり、細かな手仕事や修理の過程を偏愛する「分解掃除」、「一本の螺子」、「手先の知恵」などの章は著者ならではの本領が浮かび上がる。部品一個でなくパネルごと交換する家電品修理と現代医療術との共通性の言及は鮮やかな発見だ。

何気ない身辺の出来事や自然界の現象から思考がゆっくり広がり、さらりとしたユーモアも。「無為の尊さ」では、葉の上で動かない天道虫を見つめている子どもに、どうしたのだろう、などと立て続けに話しかけた時、その子は著者の顔をじっと見てから、〈天道虫はいつも何かしていなければいけないの？　何もしていないことだってあるよ、と教えてくれた〉。

著者の表現には対象への懐疑と交感の想いが背かずに同居するところがいい。暑苦しい夏にこそ、自揮カットもゆかしい緑の一冊を。

西日本・読書館 2016.8.28

樹を巡る壮大な叙事詩　『人の樹』村田喜代子

潮出版社

草木に心や魂が通じるのか。感覚とか知性とかいう領域があるのか。あると思う人も思わない人も、この人間と樹を巡る短編集を読めば虜になるだろう。

本作にはミクロからマクロに至る生命の旅物語が、気の遠くなるような時間と空間を縦横に拡げる。宇宙規模の叙事詩に誘われ、知らず生死の深淵を覗くこともあれば、ふうっと安堵の息が漏れることも。

ここでは草木が語り手。怪異もこの作家に遭えば日常の隣びと。自然の驚異は科学の渺茫たる光や砂塵の微粒子と入り交じり、虚無さえ天地を突きぬける。

第一話「孤独のレッスン」は、壮大な滅亡に向かう

サバンナのアカシア年代記である。〈わたしはサバンナ・アカシア。この辺りは昔、とても賑やかだったわ〉。でも〈十万年も昔のことよ〉。やがて草は枯れ、仲間のアカシアたちも死に絶え、芽を出した〈わたし〉は一本の根を潜らせ、その細い水脈を頼りに育った。〈流れ星が一つ矢のように落ちて行った〉。もう生きものの体臭もなかった。風に転がる〈さす

らいの根無し草〉を見送り、芥子粒の目をした瀕死のスナネズミの最期に添う彼女と淋しさにつぶれそうなネズミとの会話は哀しく温かく、ひたと胸底に染み入る。

〈ある真昼。空が弾けるように戦慄《わなな》いて、遠い昔のビッグバンの残響を聴いたわ〉。長い間〈砂漠の静寂に洗われた、わたしの五感は流れ星の音にだって共振する〉。ラクダを連ねた隊商から〈孤独の木〉とも呼ばれ、〈サハラのグランドマザー〉とささやく男は〈来年くるときも立っていてくれよ〉と言い残す。だが、予期しない事態が〈うわああああああああ！〉

他に姉から妹たちへ香しい生の芽を繋ぐ「リラの娘」、極寒のシベリアで行軍する旧日本兵の「さすらう松」、針葉樹の薬効粒子を説く「生の森、死の森」、タラヨウの葉に弔問名を刻む民話調の「弔いの木」など。科学の裏付けが出過ぎることなく、刈り込まれた短編の美味と挿画、装丁も息が合っている。

西日本・読書館 2016.9.25

ホイットマンからディランを経て　『幼年の色、人生の色』長田弘

みすず書房

　著者自ら生前に編んでいたエッセー集である。かつて私の知る長田弘は若くして折り目正しく、穏やかに老成した雰囲気の詩人だった。老けていたのでない。幼年から未知の壮年、老人期までを一人の身に有していたのだろう。

　静かに、詩集、戯曲、エッセーと数多くの著書を出し続けたこの詩人を、大きな樹になぞらえたい。道の辺に言葉の枝を垂らす梢を旅びとは親しく見上げて耳をすますだろう。今秋、ボブ・ディランのノーベル文学賞を巡る話題は世界を驚かせたが、長田は、すでに「二十一世紀の『草の葉』」の章で説いていた。

〈ディランの今日の歌というのは、わたしには、現在進行形で書き継がれている、二十一世紀アメリカの新たな『草の葉』（ホイットマンの詩集）にほかならないもののように思えます〉。実際に時代を隔てた両者のアメリカーナ詩は作者を入れ替えてもおかしくないほどだ。

　続けて、〈南北戦争の時代を生きたホイットマンは、「戦争を、死を、このような大洪水を、アメリカよ、繁栄を楽しむ誇り高いあなたの心に深く深く抱きしめよ」という言葉を遺した詩

人でした〉

ああ、そうだ。私はホイットマン～ディラン～長田弘という詩人の水路に通底する思考と生きる姿勢、いうなら〈見えない優しさのありか〉を示されたのだった。そのことは「ホイットマンの手引き」の章でより詳しく記される。

〈言葉は他者のあいだに一人のわたしを見いだすためのものだ（略）『草の葉』の詩人は言う。「わたしというただ一つの言葉のなかに、何と歴史が幾重にもたたみ込まれていることだろう」〉。著者の思い知ったことでもある。

詩人長田弘の幼年からの個人史に何気ない記憶がたたまれていることがみずみずしい。匂いガラス、路傍の草の名、旅の風景、合唱曲「流浪の民」、名画「わが青春のマリアンヌ」など。「猫と蕎麦」では、一風変わった猫の嗜好が蕎麦だと知り、苦味、甘味など五味以外に淡味があり、それが蕎麦の味だと。この人こそ奥深い淡味の詩人だった。

西日本・読書館 2016.12.18

金で買えない喜び　フィリップ・ドレルム著『ビールの最初の一口』（早川書房）

そう決めたわけでもないのに、夏になると読み返さずにはおれない。心がへこんでいる時この本に喜びを感じれば、まだ大丈夫と人知れず安心する。

本書の正しいタイトルは長く、『ビールの最初の一口とその他のささやかな楽しみ』である。ビールにひかれて読む人も多いらしいが、飲酒の本ではない。

とはいえ、「とにかく最初の一口だ。一口だって？　口の前からもう始まっているじゃないか。まずは唇の上をあの金色の泡と、その泡で増幅された爽快感が通り過ぎ、やがて苦みで濾過された幸福がゆっくりと口の中に広がる」に、同感。

たしかに一杯目は至福、二杯目からは快楽、過ぎれば蛇足。だから、「威勢よくビールの杯を重ねたあげく、喜びを陰らせるだけ。それは苦い幸福、最初の一口を忘れるために飲むもの」

ほかに、「ポケットのなかのナイフ」、「エンドウの莢《さや》むきを手伝う」、「桑の実を摘む」など、三十四の掌編エッセイに何げない日常の宝を見いだす。全仏の記録的ベストセラーで、翻訳版は一九九八年の刊。思えば急激に世の中がささくれだってきた頃である。が、本書の慰めは安手の癒やしとは大きく異なる。

西日本・読書館 2005.6.19

沈黙のためのことば　『石原吉郎詩文集』(講談社文庫)

石原吉郎の詩、評論、ノートが三部構成で文庫になった。彼は戦中派詩人のなかで一番遅く登場した人といわれる。第一詩集『サンチョ・パンサの帰郷』(一九六三年)で詩壇に静かな衝撃を与えた。その後、評論集『望郷と海』など、敗戦後八年にわたるシベリアの強制収容所での「脱人間」的な体験を著す。

「ひとりの証人を待ちつくして/憎むとは/ついに怒りに到らぬことだ」

人が人でなくなる飢餓と重労働や高潔な一人のペシミストのことを書いても、怒りの告発とならないのは、「沈黙するためのことば」が詩の根底にあるから。

かつて私の周辺では、吉郎のよき読者は詩のアウトサイダーに多く、知的闘士ともいえる男性同僚が貸してくれたのがこの詩人の本だった。深い衝撃を受けたが、私には余りにも別格の詩人であった。ただ「自転車に乗るクラリモンド」という一番好きな詩を書き写して返した。

悲惨なシベリア体験を経た人が、少女を幻出させてかくもやさしく清冽な詩を書けたのが不思議だったが、本書にこんな一節を見つけた。「もし私が何ごとかに賭けなければならないのであれば、私は人間の〈やさしさ〉にこそ賭ける」

西日本・読書館 2005.8.14

漫画が描く読書の喜び　高野文子著『黄色い本』（講談社）

本書をマンガの枠にのみ入れ置くのは惜しい気がする。サブタイトルは、「ジャック・チボーという名の友人」だ。

あのマルタン・デュ・ガールの大河小説『チボー家の人々』を題材にして、女子高生・実地子の幸福な読書体験が描かれる。彼女は物語に没入するあまり、いつも本の若者たちと言葉を交わし、特にジャックとは空想の友人である。

本の中と外の世界はまるで異なり、就職を控えた実地子は本好きな普通の高校生で、それがとてもいい。雪の多い田舎に暮らす彼女は、家事をよく手伝う、編みものの達人だ。少しもっさりして見えたり、飄々としていたり、やさしく賢いけど優等生タイプでもガリ勉でもない。

都会から数年遅れの生活にテレビはあるが、米は羽釜でとぐ。昭和三十年代末のことだろう。家族と周囲の人たちも特に変わった人ではなく、その淡々とした暮らしの細部が実に静かに生きている。

このマンガを教えてくれたのは、パート仲間の若い女性だ。『チボー家の人々』って黄色い本でしたか？　と尋ねて。東京に行ったと聞くが、小説の方は読んだだろうか。彼女にはどこか実地子に似たところがあってうれしく思い出す。

西日本・読書館 2005.10.9

原作・漫画・映画　柏原兵三著『長い道』（中公文庫）

むかし職場の男女四人で二種の少年漫画誌を共同購読していた。ギャグ漫画も楽しんだが、私が一番愛読、いや熟読したのは「少年マガジン」連載の藤子不二雄Ⓐ作『少年時代』だった。

一巡した雑誌を毎週持ち帰って読むほどに、この漫画というには余りにも重厚な内容に驚き、こんな地味な作品がいつまで連載されるかと心配もした。

物語は、敗色濃い戦時下に東京から田舎に縁故疎開した進一少年の、一夏の体験である。が、善なる子供時代の回想記といった単純な少国民ものではない。

都会育ちの進一が村で味わう孤立感だけでなく、子供の集団心理、権力争いなど、大人の介入できない世界の描写にひき込まれ、特に、村の子を統率するタケシの愛憎捻れた友情は忘れがたい。

連載終了後に初めて、広い年齢層から感動の反響が殺到したという。後に、篠田正浩監督が映画化。井上陽水の主題歌もヒットした。原作は、芥川賞作家、柏原兵三の小説『長い道』である。

三つのうち原作が優れているのは当然だが、私の感動指数は最初に触れた漫画が高い。何にせよ、一年間黙って連載した漫画家も編集者もエラかった。

西日本・読書館 2005.11.13

天に宝を積む人　藤坂信子著『羊の戦い　三浦清一牧師とその時代』（熊日出版）

本書は、キリスト教の伝道に身を捧げた牧師夫妻の生涯と明治から昭和への時代背景を克明にたどった労作である。

熊本県の農村に生まれた日米混血の三浦清一は、福岡神学校在学中に婦人伝道師と交際を始め、卒業後すぐに結婚する。妻は岩手県生まれの石川光子、啄木の妹であった。この奇《く》しき出会いと強い絆こそ、まさに信仰が結びつけたものだ。

本のカバーを飾るのは、セピア色の静謐な光に包まれた三浦牧師の家族写真である。十字架の影を背にした美丈夫と愛くるしい男女の幼子、横に着物姿の妻が真っ直ぐな目をカメラに向けて微笑む。

しかし、このような平安はごく短く、次々と苦難が押し寄せた。伝道活動の出発は阿蘇山中の村。二人はすり切れた草鞋《わらじ》をはき、歩きに歩き、人の心と土地を開墾して共鳴者を徐々に増やす。

最大の山は清一が賀川豊彦の社会的キリスト教に賛同した結果、社会活動から生じた軋轢《あつれき》と煩悶《はんもん》で、著者の力がこもる。

熊本在住の著者は詩人にしてキリスト者。清一の詩に惹かれて始めた長い探求の旅は、愚直なまでに丁寧、誠実である。それもまた、「天に宝を積む」人につながる、密やかな姿勢であろう。

西日本・読書館 2005.12.11

これもニュー・マンガ　横山裕一著『ニュー土木』（イースト・プレス）

とにかく騒々しい音に溢れたマンガである。上下寸足らずのカバーにいわく、「読まずに『聴こう』このマンガ」

頁を繰ればメロディーが流れ出すわけではない。「グイーン」、「ドドドド」、「ガガガガガ」と、画面を覆う太字の擬音は、巨大な土木機械の作動する音だ。

「土木3」では、飛行機の編隊がパカッ、ガチャと開いた胴から次々と大岩を何もない平地に落としていく。岩と岩は音たててぶつかり小山をなす。さらに大筒の口から液体が流れて山は固まる。

ズボズボ、と無数の穴が一斉にあけられ植林が自動的になされ、間に芝生を巻いたローラーが何列も転がって草地を作る。時々、無表情な技術者が補助作業をするが、主役は重機械である。

このような「ニュー土木」が田舎や人工田園を再生するのだが、特に文明批評のメッセージでもないのが不気味だ。

「ブック」は本自体を武器として投げあい、切り裂き、バサバサと奇妙な人間たちが闘う。何のためかは一切不明。無機質なタッチの絵は巧いのかどうか分からない。作者は宮崎生まれ。

ちなみに、先に出版されたフランスで人気があるというのが妙に納得できた。

西日本・読書館 2006.2.12

降りて降りずの人生指南

ジャン＝ポール・ラクロワ著『出世をしない秘訣』（理論社）

今日、出世という言葉は死語に近く、イヤミな書名と受け取られかねない。凡人が口にすれば、出世しないではなく、できなかった僻《ひが》みと思われ、逆なら、自分は出世しながら、となるからだ。

著者はいう。一たん出世してからは、閑《ひま》と友情にめぐまれて幸福を小川の鮒のように釣り上げていた楽しかりし日を偲んでも、もはや追っつかない。「金を儲けたり命令を発したりする機械になりはて、ハートのところには小切手帳を持ち、うちつづく社用パーティーで肝臓はふくれあがり、受話器のために耳は変形し、夜もおちおち眠れぬ惨めなロボットとなってしまうのだ」（椎名其二訳）

自分には無関係と思うなかれ。つい、うっかり、成功の途につくこともある。

「事業家にならぬためには」「いつまでも二等兵でいるには」「流行作家にならぬためには」「政治屋にならぬためには」と続き、「自分に成功すべし」。

訳本は一九六〇年刊で、共感した知友たちが喜んで回し読みするうちに、ついに行方不明になったのが残念だ。

清貧などという固さはなく、著者はよき時代のフランス流モラリスト。そのユーモアに満ちた指南は、今も古くない。

西日本・読書館 2006.3.12

五月病にはやさしい毒を

辻まこと著、矢内原伊作編『辻まことの世界』（みすず書房）

五月病は新人だけのものでない。さわやかな連休に好きなことができる（または何もしなくてもいい）はずなのに、無気力のエア・ポケットに落ち込む。

その予防のためにも、私の連休読書は時間かまわずに没頭できる時代小説と推理小説に当てた時期があった。飽きると幸福病菌に侵されていない本の中に友を見つけた。辻まことの本もそうだ。

本書収録の『虫類図譜』という風刺戯画文集に、「幸福」と題して。「朝の歯ブラシにひそみ、晩の焼酎に住み、白昼の店頭に、清浄な田園山野にも住んで、いつでも人間の健康をむしばもうとしている。気をつけなければいけない。このコトバをつぶやくだけでこの虫に襲われ、猛毒に倒れることがある。（略）」

画は錆びた針金状の線描で、シニカルな笑いのうちに寸鉄人を刺す。世論、友情などの項が続き、「虚無」に付く画にはサインのみで白紙だから、『大菩薩峠』を愛読した著者のニヒル度も大。

彼は無政府主義者・辻潤と社会主義者・伊藤野枝の息子だが、その本領は乾いた笑いだけでなく、収録された山の随筆や若き日の読書記などに見える、自由人としての濁らぬ眼とやさしさにあった。

西日本・読書館 2006.7

SF作家の超絶書評集　スタニスワフ・レム著『完全な真空』

超絶の奇才と呼ばれる人は、ときに悪ふざけとも能力誇示とも見られるのを承知で、遊戯感覚に満ちた本を出す。

書評集『完全な真空』（国書刊行会）もそうした一冊だが、著者スタニスワフ・レムはポーランドの哲学的なSF作家。タルコフスキーの映画「惑星ソラリス」の原作者として知られる。

本書が言及したのは、「ロビンソン物語」（マルセル・コスカ著）、「ギガメシュ」（パトリック・ハナハン著）、「性爆発」（サイモン・メリル著）など十六冊。パリ、ロンドン、ミラノほか各都市のユニークな版元から出た本とある。

その最大の仕掛けは、対象とした十四冊が全く架空の本であることだ。つまり、レムは科学書から文学書まで、有りそうだが有りもしない本を想定して、論文に近い書評を書いたのであった。

例外が最初と最後の二章。自著を評した「完全な真空」と、ノーベル賞受賞学者の講演テキスト「新しい宇宙創造説」の転載である。実は、この奇書を長年拾い読みしながらも完読はしていない。

それでも手近に置き、たまに開くのは、空想や表現の自由と私の貧しい知力を思い知らされるからだ。

西日本・読書館 2007.1.21

タイトルにひかれて　エドワード・ゴーリー著『うろんな客』

ゴーリーの絵本は、克明な線描のとぼけたシュールさで大人をとりこにする。

ある冬の夜、大きな館に招かれざる客が闖入《ちんにゅう》して騒動は始まる。珍客はアリクイに似た不思議な動物で、二本足で立ち、まん丸な目をして一体何を考えているのやら。まずタイトルがいい。

本書『うろんな客』（河出書房新社）はポストカード型とブック型があり、前者は各葉二行の英文のみだが、モノクロの線描画を眺めて筋はつかめる。絵を楽しむ人にはこちらをお勧めしたい。

ブック型には柴田元幸の短歌訳と解説が付き、背景を知りたい人向き。短歌訳はこんな風だ。「ふと見れば　壺の上にぞ　何か立つ　珍奇な姿に　一家仰天」

館の紳士淑女は古風な格好なのに、この客は長い毛糸マフラーにスニーカーという今風の姿。食卓では皿まで食べるわ、本の頁は破り捨てるわ、夢遊病のように屋敷を徘徊するわ、勝手気ままのしたい放題で何を言っても馬耳東風。

珍客が居ついて十七年にもなるのは、周りの愛情か諦めか。こんな厄介な生きものはどこにもいる。居候、子供、ペット、お年寄り？　そう思えばこの困ったちゃん、追い出せずに笑うしかない。

西日本・読書館 2007.3.18

源太さん　星になる?

福岡県の星野は星の美しい山間の村である。最新の天文設備をもつ「星の文化館」を訪れる人は多い。

鳥取出身の山本源太さんは一九六五年にこの山地に源太窯を築き、試行錯誤の末に長く途絶えていた星野焼を再興した。彼はまた土の匂いと鋭敏な感覚を備えた文を書く人だが、詩人でもあることは余り知られていない。

その源太さんの詩集『蛇苺』に、本年度の福岡県詩人賞が授与された。異例のことである。なぜかといえば、『蛇苺』は約四十年ぶりに新装復刊された詩集だからである。県詩人会事務局は記録をたどり、初刊時には選考対象から洩れていたことを突きとめ、選考委員たちも改めて対象にした結果の受賞だ。

長く埋もれていた星野焼に輝きが戻ったように、この詩集の真価は少しも古びていなかった。

先日、知人たちが彼を囲んだ小さな祝宴で、さらに大きなよろこびが披露された。

小惑星の新命名に源太と登録されたのだ。松山正則、渡辺和郎の両氏が釧路で発見したのが一九八八年。このA級の星が世界的な機構に認められた後、ようやく今年五月に「8824　GENTA」と正式に決定された。その間に「星の文化館」を訪れた発見者は源太さんを知り、「僕の天体」シリーズなどの陶芸作品に感動して命名したという。

星のふるさとらしい素敵な話ではないか。彼が父とも師とも慕った詩人の故丸山豊氏も、広い天体に源太星を迎えてよろこんでおられるだろう。

西日本・風車 2007.7.25

〈愚行権〉と憲法

時節がら反戦・社会詩が目につくが、憲法を中心にした詩集「同い年」（水仁社）は、リッパそうな表現をせずに、現憲法の真価を再認識させてくれる。

善行を積むには
善良さが足りなくて

愚行を重ねるには
覚悟が足りなくて

と始まる詩〈愚行権〉は続けて、「研鑽を積むには　知的持久力が足りなくて　売るほどあるのは愚系の瞬発力」。覚えがあって苦笑していると、「誰かが言ってた〈愚行権〉　見事に　行使して　きてしまった」。

まこと、わが人生にも大小の愚行の数々。だが、それでも赦《ゆる》されて生きていられるのは周りの人々や時代、何より〈基本的人権〉のお陰でもあると詩はいって、こう終わる。「憲法という豊かな酸素の森に　護られてある　〈愚行権〉も　じつは」

著者の佐藤正子さん（横浜在住）は一九四五年五月三日生まれ。二年後、彼女の誕生日に日本国憲法が制定された。「私のような愚人の自由をも護ってくれているその基礎を、護らなくてはと思う」とあとがきにある。

標題詩「同い年」の結びは、「あとは粘りに粘って　長寿世界一ギネスブックに載ってもらいたい　そしてそのまま　載り続けてほしいのだ　〈戦後〉という名の　同い年の　あなただけは」。同い年でなくとも、そう思う。

西日本・風車 2007.8.17

三骨

出版社・弦書房（福岡市）の三原浩良氏が社長職を次代に譲って郷里に戻られた。

その何度目かの送別会が、先月あった。参会者は地元の出版編集者、新聞記者、装丁家、老舗書店、印刷屋など。今風に言えばエディター、ジャーナリスト、ブックデザイナーとなるが、ほとんどがそんな横文字呼称を喜ばないような顔触れで、紙印刷を媒体とする文化業界の人たちである。

これは旧弊、頑迷をいうのではなく、気骨のモンダイであり、無骨、武骨を加えて、氏を三骨の出版人と密かに畏敬する。他社のつわ者たちの送辞は、「長い説教を食った、恐かった」などと続き、ただの親父太鼓ではない証拠に、「だが頼りになった、筋が通っていた、情があった」と。つまり、ある女性が言う通り、強面の家長不在の時代にあって、「男気のある人」ということだ。

知る人ぞ知ることだが、葦書房創立者・久本三多氏の死に伴い、同社を引き受けたのは三原氏が毎日新聞の要職を辞しての苦難を覚悟の転身だった。近現代思想の名著出版で全国に知られた葦書房の硬派路線をよく継承し、文芸書にも幅を広げた。

その後、このいわば中興の祖は理不尽な解雇、激動を経て弦書房を創立。同書房もよくぞ五年の業績を積んだのにと惜しまれるが、後進に信を託しての周到な退任だから、あとは新社長以下よく応えていくに違いない。すでに、渡辺京二著『アーリイ・モダンの夢』ほか三冊が出版されている。

西日本・風車 2008.9.30

禁じられない青春

　沼正三といえば、戦後最大の奇書とされる『家畜人ヤプー』がまず挙げられる。この耽美的な倒錯小説は、三島由紀夫、渋澤龍彦の激賞により、一九七〇年に出版されてベストセラーになった。

　マゾだのサドだのというと一部好事家の文学と思われやすいが、フランスで仏訳本が出版され、二〇〇六年のサド賞を受けたことからも、異端文学に対する彼我の差が窺《うかが》える。

　ただ、『ヤプー』の話題のみが突出して他の著書が埋もれるのは残念だ。例えば戦中派の半自伝『禁じられた青春』は、全体主義が庶民の生活まで覆った時代に、沼少年が早くも「個」としての生き方を選んでいたことが知れる。

　主に福岡市と周辺を舞台とする本書は今年幻冬舎から文庫化された。非国民的な考えも背徳的な嗜好も、個人の夢想と意志の力によって生きのびる。青春の自由が禁じられた時代に、氏は何者からも禁じられない王国をもっていたのだ。これは反世間の文学である。

　今夏、数年ぶりに再読して前には思わなかった別よみにハマッた。つまり、戦中戦後の赤裸々な裏面史としてのほか福岡の濃密な「ふるさと文学」として読むことができる。

　激変続きの一家が転々としたせいで福博と近郊の町並みが活写され、町名も博多弁も驚くほど正確。記憶を頼りに今わずかに残る場所を歩いてみたほどだった。先月末、沼正三を名乗っていた天野哲夫氏が静かに去った。超俗の星は様変わりした福岡の地を空からどう眺めたのだろう。

西日本・風車 2008.12.12

紙葉の反詩集

『CUL DE SAC』（袋小路の意）という詩集らしからぬ詩集に出遭ったのは、港に近い博多の街の裏通り、小さな古い木造家を利用した画廊であった。そこはお世辞にも洒落たとは言えないが、奥や階上を覗いて見たくなるような気配がある。

　静かな昼下がりの卓上にぽつんと詩集が一冊。いや、裏表紙に「詩」と記されていたからそう思ったのであり、大小の文字に溢れたシンプルな本を、うっかりすれば文字印刷の見本帳かと見過ごしたかも知れない。

　薄い灰色の本を開くと、反詩集的な意匠に満ちていた。章ごとに文字サイズもレイアウトも異なる散文が印刷されている。このような圧縮、拡散タイプの先行本は他にあるにしても、区切りの各篇に題はなく、頁を表示するノンブルもない。費用節約の創意だけでなく、かなり戦略が込められていそうで、まさに紙葉の反詩集と見えた。

　また内容も二十世紀半ばフランスに発した反小説の試みを思わせる。反小説には意識や事物の詳細な描写はあっても一貫した物語はない。つまり従来の小説への異議申し立て。

　因みに、この反詩集的な冊子を、いま溢れる詩集への批評を込めたメタ詩集と言うこともできる。『紙葉の家』（M・Z・ダニエレブスキー著）という、マニアックな迷宮メタ小説の影響もあるのかと興味深い。

　表題のとおり閉塞感漂う出口なしの散文詩だが、読後が重くないのは反《アンチ》と新《ヌーボー》の交わる若さがあるから。詩人・尾中俊介の今後に期待する。

西日本・風車 2009.5.25

詩人の「響音遊戯」

私ってヘンでしょ、と言う人に限って少しもヘンではない。だが阿賀猥《あがわい》（宮崎市出身）という女詩人は、自分でそう思ってない分だけヘンである。評論は知的で舌鋒鋭いが、ゴミのような言葉を拾い、たらりとヘンな詩にする。

その昔「私は正統派の美人である」と詩に書いてあり、会ったら楚々とした美人だったので、「バージニア・ウルフに似てますね」と言うと、いやな顔をしてウルフの夫と一派の批判をまくしたてられた。せこい悪口の規模ではなかった。

詩壇のゲリラ詩人などと言われるが心優しく、宗教哲学から経済学まで精通しているのにどこか思い込みの飛躍があるのもヘン。

そのヘンで魅力的な阿賀猥が、『猫又猫七そして猫姫』という魅力的でヘンな自作詩朗読のCDを出した。七月堂が版元の『響音遊戯　詩人の声』で、『転生炸裂馬鹿地獄、割れて砕けて裂けて散るかも』という痛烈ナンセンス詩集と対をなす。

犬物語、猫物語、豚物語など、戯画風のとぼけた詩が打楽器の音と共に力まず、独特の声調で語られるのがいい。先月、津軽三味線と共演した朗読を聴いたが、それも面白かった。

ちなみに、彼女は第一回詩のボクシングでねじめ正一と対決した。惜しくも敗れたが、その実力はこのCDでご試聴あれ。

西日本・風車 2009.11.21

ABBECEDARIO

部屋の隅からラジオの様々な語学テキストが出てくる。何度も一念発起しては投げ出した名残である。

動機は色々あった。かつては露文科生の友に感化され、ひとり日ソ協会に通ったこともある。だが英語からスペイン語まで、何一つものにしていない。私の外国語は実用の役に立たない。ただ、知らない言葉をかじることが面白いのだ。

そんな語学漂流のはてにたどり着いたのがイタリア語。これとて、もうイタリアに行くこともない私には無用に近いし、福岡のイタリア人は日本語が上手だから会話の練習も不要だ。

それでも続くのは福岡イタリア会館長・ドリアーノ・スリス氏をはじめスタッフの心意気と奥深い魅力のせいである。皆、多様なイタリア文化を伝えるだけでなく日本文化に詳しい。

『ABBECEDARIO』は、私設ながら30年も文化活動を続ける同館長が著したイタリア語入門書。このアッベチェダーリオとは教科書を意味し、ピノッキオは遊ぶために売りとばしたが、イタリア人には懐かしい言葉だという。

「見て解るイタリア語入門」という別題の通り、よくできた図解入門書だから、基礎を少し教われば独習することも可能だ。唯一の難点は、極上センスの造本やイラストを眺めては、つい満足することだろう。

西日本・風車 2010.4.14

コオリ・トラヒコという作家

「郡虎彦をご存知でしょうか？　カズオ・イシグロの半世紀以上も前に英語で作品を書き、海外で高く評価された日本で最初の国際的作家です」。

九州大学中央図書館（福岡市東区箱崎）の一隅で、「郡虎彦と白樺派」という小展示があっていた（8月3日〜9月27日）。「白樺」創刊100周年を記念してのもので、冒頭文は、その説明パネルから。

1890年生まれの郡は学習院在学中に最年少同人として「白樺」に参加、その早熟な才能で注目された。ワイルドなどの世紀末文学に耽溺《たんでき》していた郡は、後、東京帝大英文科を中退して渡欧、英国に赴く。

驚くべきは英国人も認める典雅な英文で作品を著したことだ。劇作家の伊藤道郎らと能を上演、イェーツの『鷹の井戸』に影響を与えたといわれる。また、英訳した『鉄輪《かなわ》』や最初から英文の『義朝記』などがロンドンで上演され賞賛を得た。『清姫』ほか多くの悲劇を著した郡に三島由紀夫が傾倒したのも頷ける。

1924年、34歳の郡はスイスに客死。36年に志賀直哉ら編集の『郡虎彦全集』が出され、近くは2003年に『英文戯曲翻訳全集』が出版社の未知谷からも。

国際競争に遅れまいとする早期英語教育の是非論が盛んな折、偶々《たまたま》立ち寄った電子情報の先端的図書館。そこで功利競争圏外にいた凄い作家の一端を知っただけでも嬉しかった。

西日本・風車 2010.10.6

新鋭短歌のつむじ風

この5月に刊行開始の「新鋭短歌」シリーズ（書肆侃侃房刊）は、若い歌人の旬の歌を集めて心を摑む。第1弾は木下龍也『つむじ風、ここにあります』、鯨井可菜子『タンジブル』、堀合昇平『提案前夜』の3冊だ。

俵万智の『サラダ記念日』がブームを起こした口語短歌から26年。あのバブル時の亜流「サラダ」のライトヴァースとは切迫感が違う。

〈つむじ風、ここにあります　菓子パンの袋がそっと教えてくれる〉は表題に採られた木下龍也の一首。他に〈カードキー忘れて水を買いに出て僕は世界に閉じ込められる〉。

『タンジブル』には、〈ぬばたまの夜道をゆけば菜の花のサラダが冷える春のコンビニ〉、〈改札は生者のゲート　でも死者の定期もそっと通してあげる〉など。

2冊の監修者、東直子が記すよう、木下の稀有な言語感覚と鯨井の繊細な明るさに惹かれて幾度も読む。

『提案前夜』は「ニューウェーヴ短歌」の旗手、加藤治郎監修。著者の堀合は電算機器の営業職だが、〈「ナイス提案!」「ナイス提案!」うす闇に叫ぶわたしを妻が揺さぶる〉など苦渋に満ちた歌の間には、〈もてなされることに慣れてはいないのだ　便座は音を立てずにひらく〉、と。

後に続くこのシリーズが短歌の一画に巻き起こす、つむじ風を期待する。

西日本・風車 2013.6.28

水音楽の詩人

7月になると故柴田基孝氏の詩集『水音楽』を思いだす。表題詩は、薄目でながめる〈夕日の内面の焦げるにおい〉から始まって耳に移る。

〈水上の音楽なんていっているが／もともと水ぶくれした音楽〉〈ヘンデルはへんであると／水っぽい水音楽を聞くのである〉。最後はまた目に戻り、〈晩年のヘンデルの白内障を思っていると／目のうちで／落日の焦げるかすかなにおいがした〉

氏は西日本では珍しい、最後のシュルレアリスム詩人だったと思う。それは賛辞ですかと、ご本人は他人事のような顔をされるだろう。「ハイ、一貫してそうだったところが」と慌てて付け加えよう。

『耳の生活』という詩集も残す氏は、耳の詩人であり、目の詩人でもあった。多くの詩に音楽家や画家が出没するが、知のひけらかしでなく、この詩人の体温を伴う。

長年有能な銀行マンとしての日々と、〈軟骨をきしませてわらった〉変化球詩人の落差に驚きもしたが、後年こんな意の謙虚な文を知る。現実の厳しい時代にはナンセンス詩でしのいだ、と。

時流に媚びず、狭い詩人ムラに拘泥せず、後進と現代詩の行方を見続けた人は、２００３年７月７日の夜11時59分に逝かれた。七夕の最終便に乗せられた柴田さん、銀河に流れる水音楽はどうでしたか？

西日本・風車 2013.7.6

翻訳ということ

海外文学が好きで翻訳ものに親しんできた。それが読みづらいと、自分の理解度と好みのモンダイだと思った。

私の学生時代、翻訳者の多くは大学教授や海外生活を経た文学者であり、英文、仏文、独文などの畑別に語学にも堪能な、評価の定まった紹介者がいたのである。

一般読者の私は訳本の読み比べをするゆとりもなく、手にした本を読むことに追われて、途中放棄もしばしば。ちょうど大江健三郎の初期作品が翻訳調の文体で難解と言われていたころだった。

やがて古典から現代まで乱読していくうちに、正確度よりも、翻訳の文体が大きなモンダイであると、検証力もないまま実感し始める。特に詩のジャンルでは大きい。

例えば、日本の近、現代詩に影響を与えたフランスの名詩は、堀口大学、永井荷風、小林秀雄をはじめとする文学者の訳詩で読んだつもりでいたが、原詩講読の授業で逐一辞書と首っ引きの訳をしても、ボードレールの片鱗もない直訳にしかならなかった。

その時、自分の語彙の貧しさは別にして、詩は誤訳を恐れず、空気も含めた訳が名訳かも知れないと考えた。ただでさえ掴み難い詩の剝製標本を再現するのとは違う。

乱暴だが、翻訳は第二の創作との見方がある。賢婦の正しさか悪女の魅力か、とも。意訳があるなら、情訳、心訳もあろう。直訳から超訳まで、もっと考えたい。

西日本・風車 2014.5.31

市井の大人の詩集

日本現代詩人会が主催する詩人賞に、新人を対象とするH氏賞と、中堅以上の詩人を対象にする現代詩人賞がある。本年度の現代詩人賞は甲田四郎さん＝東京都＝の詩集『送信』（ワニプロダクション）に贈られた。氏の隠れファンは、驚きと喜びを同時に抱く。

というのも、本賞は純粋詩と呼ばれる抽象的な現代詩に授与されることが多かった。ただ、別のところで甲田さんの具体そのものの詩に、私の何かが正直に反応してやまないのだった。そのコツンとしたものは、甲田さんの無法な権力への一貫した反骨精神だと、読むうちに納得する。

甲田さんは商店街のある町の小さな甘味屋の二代目。餡を練り饅頭を家族でこさえて店頭に出す。近所には理髪店やラーメン店などが並ぶ。

今回の『送信』は十一冊目だが、『大手が来る』で小熊秀雄賞、『陣場金次郎洋品店の夏』で小野十三郎賞を受けた。これらの賞の性格と他の詩集『九十九菓子店の夫婦』、『冬の薄日の怒りうどん』などの題名からも、甲田詩の傾向は想像できるだろう。

実直な生活者の日常と憤懣が、笑いを交えた軽妙洒脱かつ巧みな職人技の会話体で繰り出される。本詩集のあとがきに、深刻化する「政治が（それを選ぶ市民が）劣化し続ける期間の、劣化を肯《がえ》んじない者の詩集」だとある。

甲田さんは憲法9条を守る詩誌の編集発行人。昔の年譜に中央大法科出身で検事志望に挫折とあった。この市井の大人《たいじん》は詩壇の会合よりも町内老人会の予約饅頭つくりを優先する。

西日本・風車 2014.7.5

幻の探偵作家を追って

ミステリー文芸に造詣が深い詩人の二沓ようこが、文学批評誌『叙説Ⅲ』12号にすぐれて興味深い論考を発表。論題は「幻の探偵作家、大貫進の時代」で、以下は本稿による。

1960年代の男性優位のミステリー界に現れ、女性探偵作家の先駆けの一人と見られながらも消えていった作家。それが県立福岡中央高校出身の大貫進こと藤井礼子（旧姓岡部）である。

江戸川乱歩が厚く肩入れした探偵小説が松本清張の出現とともに推理小説、ミステリーと名称が変わる中で、大貫が登竜門たる複数の賞を受けながらなぜ時代の波に埋もれたのか。

そんな疑問を抱いた筆者二沓は年月をかけて、消えかけた細い糸を手繰りよせ、この作家の作品と生涯に新たな視点から光を当てた。その展開はスリリングだ。

論考は資料収集と綿密な書誌調査、隣接分野の海外文学も視野に入れた作品分析からなる正攻法の研究だ。さらに探し当てた縁者たちの貴重な証言を得てその足跡を辿る検証を重ねては幻の実像に迫った。

モダンな個性と知的魅力を備えた少女が探偵作家への道を選び、地元で書き、一時期は表舞台に出ながら、埋もれていく理由と不運を知った筆者は時代背景の考察からも謎解きに至る。

依頼人なしの二沓探偵は秘密を暴くテレビドラマの事件記者とはちがい、作家本人や周辺の人たちの名誉を守り節度ある論考をなした。

この女性探偵の誠実さと柔軟さを思えば、準備中の続編が一層待たれる。

西日本・風車 2015.5.11

賞のあとさき

日本の現代小説で話題作くらいは目を通していたのに、いつしかそれも少なくなった。

折からの芥川賞、直木賞の発表時期に水を差すようだが、年二回は読む方も息切れがする。あれは出版界のイベントだと言う人もいる。それで本の世界が活気づくならいいことだし、選考委員の評が論議を呼んで興味深いこともある。

ともあれ、ほかに優れた文学賞もあるのに、芥川賞が一番騒がれるのはそれなりの伝統と価値があるからだろう。

長い間には、若い受賞者、高齢の受賞者、苦節何年という人や外国人もいて話題には事欠かない。太宰のように、芥川賞の病に侵された小説家もいた一方で、賞を辞退した人もいた。

その人は高木卓。１９４０年に『歌と門の盾』で授賞が決まりながら、前作と比べ不出来で賞に値しないとの理由で辞退。主催者の菊池寛は、活字にして発表したからには、作品の毀誉は他者が決めることだ、という趣旨の不快感を示した。

選考委員の佐藤春夫は、自らを知る人のよき判断だ、と高木を擁護している。が、同人仲間に及ぶ迷惑を心配した高木は、あとで菊池御大に詫びを入れたとか。

三年後には山本周五郎が直木賞を辞退。こちらは、菊池への反感があったらしい。偶には、選ばれる人の意思も認められていいだろう。因みに、高木は幸田露伴の甥であった。この文豪一族の超俗の気風が関係あったかどうかは知らない。

西日本・風車 2016.2.8

オンデマンド出版

話には聞いていたオンデマンド出版の本を入手した。松本秀文詩集『環境』（思潮社）で、私にはオンデマンド本の初買いである。

松本は若くして現代詩の階段を一気に駆け上り、多彩な表現活動を続けながら「個」を失わない。そんな活《い》きのいい作品内容は期待できるが、この新形態の出版には別の興味と不安が半ばしていた。

ただ、ディスプレー画面で見る電子書籍は苦手だけど、紙印刷ならば本としての基本をまず充たすだろうと思ったのだ。

オンデマンド印刷、あるいはオンデマンド出版は、本の内容をデジタル化したファイルに保存することで、1冊からでも小部数の印刷、製本、販売までの求めに応じられる。

そのうたい文句では、出版と流通の直結化を図ることで、送り手と受け手の双方にいくつかのメリットがあるという。①注文から数日で入手②通常出版より費用が格安③必要数ごとの出版は在庫を抱えず、省スペースにもなる―。

この3点はクリアしているが、一冊では分からない。自費出版による小部数の本や実用的な内容重視の本には有効でも、詩集などの視覚と手触り感や造本レベルでの点はどうだろう。

詩集『環境』にかぎれば、A3サイズという大判の特色が生きている。広い紙面を自在に用いた、ことばの拡散と収斂《しゅうれん》の効果は意図的な編集によるものか。

大判ながら、ややチープ感のあるデザインと造本は、ブログでおなじみ松本の真骨頂「速度太郎」にふさわしい冒険。真面目と笑いの行き交う内容に踏み外しはない。

西日本・風車 2016.3.30

野枝に火と水の鎮魂詩を

〈撃たれた海鳥がどくどく泣きながら／海に沈んでゆく／ちりちりと燃えているもの／それは／わたしのくるぶし、指さき、髪の毛、唇、耳、眼、心臓、血潮〉

透明な声が耳に胸に一語一語ひたひたと浸みわたっていく。先日、福岡市であった『村に火をつけ、白痴になれ』という伊藤野枝評伝の著者トークの前、浦歌無子さんが朗読した野枝に捧げる自作詩「ごうごうと風よ吹け」の冒頭だ。

彼女の詩歴は長く、清楚な詩が印象に残る。ガラス細工の緻密さと成熟前後の酷薄さに危うい魅力があり、詩への一途な思いが水底の火影を揺らしていた。

かたや世間に抗い、大杉栄の自由思想に純な欲望を注ぎ、憲兵隊に惨殺され井戸に投げられた野枝。すでに魅力的な少女期から宿命のオーラを発していたようだ。

今回のきっぱりした朗読は野枝の純粋な情念をよく伝える。〈わたしは女のかたちをした赤い戦車／傷口に故郷の海が染みますが／すすまなければなりません〉

赤い戦車を甦らせた浦は、野枝の詩を書くべくして書いた詩人である。二人の故郷が同じ海辺の今宿というだけでなく、野枝は遠泳も得意で、浦には水が鍵になる詩が多い。井戸底の寂しい声は、オンディーヌの耳が捉えた無意識の想いだったかもしれない。

野枝の激情に替わっての鎮魂詩はこう終わる。〈私の言葉は芽吹き／黒々と茂り／人々の鼓膜や背骨や爪さきに絡まりながら／ずっと未来まで伸びてゆく〉

ほか、大杉栄や女たちへの献詩もそれぞれに強く光る。CD付きリトルプレスでもできないものか。

西日本・風車 2016.5.31

身を削って残された詩

女詩人のことを女が書いてべたつかない。詩人の真情の在り所を表す、稀有な評伝集の虜になった。

理由は詩人21人の選択に著者自身の目が生きている。有名無名を問わず、簡潔に対象の本質をよく伝え、論考的な硬さとは無縁。何よりも長嶋節と見られやすい本音、微毒、潔さの底に詩人への深いまなざしと愛があるから。

〈林芙美子は詩人になりたかった。ベストセラー作家になってしまったのに、詩には別れた男のように未練たっぷりだった〉。彼女には〈放浪生活があったからこそ迫力ある詩が書けたのだ。不しあわせな現実は、詩にとってはとてもしあわせなことだった〉と。

また、食わず嫌いの中に金子みすゞがいたと共感させ、〈けれど食べてみたらおいしかった〉。

あとがきに〈身を削って書かれた詩が好きだ〉〈私を忘れないでと詩がいっている〉。このように生きたのだといっている〉。長嶋はぐにゃぐにゃせずに芯がやさしい。

＊『花は散るもの　人は死ぬもの』長嶋南子著、花神社刊。

西日本・読書館 2016.12.25

Ⅲ 書評・海外編

少年が見た移民の物語　『ナターシャ』ディヴィッド・ベズモーズギス

新潮社

この七話からなる連作短編集の魅力は、ほろ苦い人生とみずみずしい文学の融合にある。

マークは、六歳の時にユダヤ系の家族と共に旧ソ連からカナダに移住してきた。その少年の視点と記憶から、トロントの安アパートに暮らし始めた家族と隣人たちの悲喜劇が年月を追って描かれる。

故国では特権的な身分と生活を保証されていた父親は異郷での貧しい生活から抜け出ようと、工場勤めのかたわら医療マッサージ師の資格を取る訓練所に通っている。人々は言葉も習慣も異なる土地で、不安のなか肩寄せ合って生きるが、どこにいこうと思い通りにならないのが人生である。大人には大人の苦労や失意が、子供には子供の、取り返しのつかぬ哀しみが待ち受けている。滑稽な結婚騒ぎも起こるし、ユダヤ系移民ゆえの侮蔑も受ける。家族の歴史を通して暗い社会的背景が見え隠れするが、全体から透明な水彩画の印象を受けるのは、少年の目で淡々と語られるからだ。

第一話では犬と従姉のヤナくらいしか遊び相手のいなかった六歳の少年も、話が進むうちに成長して、表題作「ナターシャ」では、両親が買った家の地下室でカフカの日記を読んだり、秘密の楽しみにふけるようになっていた。

その十六歳の春、人のよい大叔父が結婚して、モスクワから従妹になるナターシャがやってきた。少年はこの奔放な少女から散々振りまわされ、彼女との初恋は甘く苦い思いを残して急に終わる。自分を変える決意をもって帰宅した少年は、妙な衝動に駆られて二人で過ごした地下室を窓からのぞいて見る。「家に来るたびにナターシャが見ていたにちがいないものを、私は見た。夏の光にさんさんと照らされて、私は闇をのぞいていた。それが私の地下生活の終わりだった」

ほかに、かつて憧れた重量挙げ選手の悲哀を描いた「世界で二番目に強い男」をはじめ、祖父が入った老人アパートの人間ドラマ「ミニヤン」などに心打たれた。

市井に生きる人々の物語には甘すぎる思い入れも強い異議申し立てもなく、語り口は彼らをいとおしみながら、突き放している。さらに、そこからにじみ出るかすかなユーモアとくれば、本書が「チェーホフを英語に移しかえたような」といわれるのも納得できるだろう。これは著者ベズモーズギスの自伝的な色合いが濃いデビュー作で、次の一冊が待ち遠しい。

西日本・読書館 2005.5.8

パスタとお洒落の他にも　『イタリア的――「南」の魅力』ファビオ・ランベッリ

講談社

本書は長く日本で暮らすイタリア人が、魅力と矛盾に満ちたイタリアを日本人のために、その心性から説き明かしたものである。

イタリア・ブームが続く中、大方の日本人が抱くお気楽なイタリア観はステレオタイプな惹句《じゃっく》に満ちている。陽気でお洒落で云々。だが、パスタと観光の他に私たちはイタリアの何を知っているか。

著者は日本人からのつまらない質問に憮然とする。「食べる、歌う、愛する」ことがイタリア人の人生か？　この質問にうんざりした何人ものイタリア人が言う。日本人こそ食事してよくカラオケで歌う交際をするじゃないか、と。

期待に応えての第一章は、「食にみるイタリア」。パスタが南の貧しさから生まれたことや、イタリア・コース料理の文法など、歴史、風土の背景が語られる。

目次を追うと、「イタリア人の宗教観」「歌うイタリア」「イタリア政治の不思議な世界」「イタリア的悲観主義」「イタリアから何が学べるか」。どの章でも、日本人の抱く表層的なイタリア観にパンチが見舞われる。

たとえば、著者が力を込めて書く音楽。イタリアの音楽といえば大抵の人がオペラかカンツォーネを思い浮かべるが、そもそも「カンツォーネ」は「歌」一般を指し、日本での用法を強いて訳せば、「ナポリの歌」であろうと言う。

イタリアにだって現代のポップ・ミュージックが流行して当然。ただ、日本の「アイドル」歌と違ってイタリアン・ポップスの特徴は、歌詞に文学（詩）を反映した要素が多いことと、社会問題への強い意識がみられることだ。とりわけ、「負け組や排除された人々に注ぐ眼差し」が強調される。代表的アーティストたちの肖像と美しい詩がいくつも挙げてある。その一人、巨匠ファブリツィオ・デ・アンドレーの「マリネッラの歌」はとても有名な美しい歌で、未成年の売春婦が殺害され川で発見された事件をもとに作られた。

日本で同様の事件が起きても、このようなやさしい歌はできないだろう。イタリアの心性が明るさと暗さを併せもつことは映画や文学からも知れるが、弱者への眼差しもその線上にあると思える。各州が国のような脱中心的イタリア、経済を支える職人重視の中小企業、他人と政治への不信からくるイタリア的家族主義のネットワーク、カーニバルとしての政治からスローライフまで。本書でイタリアを知ることは、逆に日本を知ることにもなるだろう。

西日本 2005.10.16

ブはブラッドベリのブ　『さよなら、コンスタンス』レイ・ブラッドベリ

文芸春秋

八十歳を越しての新作。ブラッドベリは息の長い作家である。『ウは宇宙船のウ』や『火星年代記』では幻想的SF、『たんぽぽのお酒』では田舎町の郷愁、『華氏四五一度』では風刺の効いた社会小説として読者を摑んだ。

さらにポウやトウェインに連なる名作『何かが道をやってくる』のほか、ひねりの効いた短編の数々がある。本書は彼の多彩なエッセンスが詰まった愉悦の一冊だ。

版元は、ハードボイルド、ミステリー風の探偵小説と銘打っている。如何にもきびきびとした第一行は、「暗い嵐の夜だった」。

物語の舞台は一九六〇年のロサンゼルス。「純な」探偵小説作家の「私」は、死者の名を記した手帳を残して失踪した往年の名女優・コンスタンスを追って、ハリウッドをさまよう。そこは、かつての憧れであった夢の街である。

友人の刑事と、手帳に列記された人物を尋ねるうちに、彼女の秘密を知る一方で謎が謎を呼ぶ。巨体の占星術師、神父、映画館に住む老映写技師など、関係者は世間とは別世界に住む人たちだ。

丘陵の廃屋で二人が発見したもの。「足を踏み入れたのは新聞の迷宮だった。迷宮――いや、地下墓所《カタコンベ》と言おうか。うずたかく積まれた古新聞の山のあいだをせまい通路がめぐっている」

そのトンネルの先に、ミイラのように寝た老人がコンスタンスの最初の夫だった。彼は四十年分の新聞の山を「ニュースの博物館」と自慢するが、数日後、崩れた新聞の山に埋もれて死ぬ。

これは、衰退するメディアへの愛惜ともとれる。思えばブラッドベリの描く世界は、いつも黄昏どきの郷愁に包まれてきた。

コンスタンスを探して男たちが駆けめぐる映画の街も、ここでは夢の廃墟のような夜に沈んでいる。セクシーな魅力で成功を収めた名女優は、今や「怪物がぎっしり詰まったハリウッドの暗い森をやみくもに逃げ回る少女」だ。

彼女が唯一なれない人物、聖ジャンヌの役を監督に請う場面に、名画『サンセット大通り』の老女優の悲痛な姿が重なるなど、往時の映画界の断片が散見される。

本書の中では著者の分身たる「私」も仲間も、十二歳の時、あの田舎町のカーニバルにのみ込まれたまま行きくれているようだ。

ブはブラッドベリのブであり、ブンガクのブ。ジャンルにこだわる読書人にはお薦めしない。越前敏弥訳。

西日本 2005.11.20

書くことのカタログとして　『ほとんど記憶のない女』リディア・デイヴィス　白水社

「十二人の女が住む街に、十三人めの女がいた。誰も彼女の存在を認めようとしなかった。手紙は彼女に届けられず、誰も彼女のことを語らず、誰も彼女のことを訊ねず、誰も彼女にパンを売らず」

出だしの数行で、わくわくしてくる。どんな街のどんな女の話かと想像がふくらみ、勝手に自分の中で一つの物語が動きだす。

ところが、雨も陽も彼女の上を通りすぎず、街の明け暮れ一切から隔てられているのに、「彼女は人々の仕打ちを恨みもせず、その街に住みつづけた」と終わる。

読者を突き放すようなこの「十三人めの女」は八行の超短篇。オチのある従来のショート・ショートとちがい、アメリカで「サドン・フィクション」と呼ばれるこんな短篇の新種は、呼称通り唐突に始まり唐突に終わる。

これは教訓のない寓話だろうか。物語の展開を楽しむ人は、エッ？　とはぐらかされるかも知れない。だが、読んで二、三分の作品でも数倍の時間が楽しめる。

この辺りが読者の好みの分かれ目。類縁を求めるならカフカの短篇に近いだろうが、それでも肩透かしをくらいかねない。収められた五十一の短篇が形式も長さも味もまちまちなのだから。

三頁分の表題作は、鋭い知性を持つが、ほとんど記憶のない女の話だ。彼女は本をよく読み、よく考える。が、読んでも頭に残らず、読み返す自分のメモはほとんど未知のものだ。それでも暮らすのには困らない。顔は見えないが、こんな人もいそうだな。

また、「くりかえす」では、旅すること、読むこと、書くことの類似性を繰り返し述べて翻訳について考察する。著者がフランス文学の翻訳家であると知れば、創作の過程を少し覗いた気になる。

一番長い作品は三十頁ほどで、「ロイストン卿の旅」という旅行記だが、訪問国の様子、事件、病気、あるいは船の惨事さえ、ただ淡々と記述されるだけ。創作の素だけを列記したかのようだ。

一番短いものはわずか二行で、句読点ごとに行変えをすれば、立派な現代詩になるだろう。ほかに、箴言《しんげん》風あり、哲学的断章あり、人物素描あり。著者は、創作の過程や、書く側と読む側の心理に興味があるのだと、思えてくる。

だから、デイヴィスが考える、書くことのカタログとして私は読んだ。ほとんど記憶に残らないにしても、たまに珍味もいいのでは。岸本佐知子訳。

西日本・読書館 2005.12.18

その年、中国に何が起きたか　『温故一九四二』劉震雲

中国書店

ある国にとって忘れられない年や日がある。日本では原爆が落とされた日。アメリカなら日本による真珠湾奇襲の日など、大ていは国民の幸福とは結びつかない。

書名の意「一九四二年を訪ねる」とはどういうことか。中国で何が起きたのか？　異訳すれば、「リメンバー1942」だろうか？　まずは疑問に引かれて読むはめになったから、タイトルの勝利。何であれ、近・現代の中国オンチを飽きさせずに読ませたのは、著者の視点と筆法の勝利である。

「一九四二年、大災害が河南を見舞った」と始まる本書の帯には「歴史ルポ小説」とあるが、埋もれた歴史の告発文学にありがちな堅苦しさとはひと味違っている。

「ぼくの尊敬すべき友人が、もやしいためと豚足二本をおごってくれ、ぼくはこれを食べて、一九四二年の旅に出た」。餓死者三百万人を出した五十年前の故郷へタイムスリップするにしては、何ともトボケた出だしではないか。

青年は故郷で取材を試みる。おばあちゃんは、「飢え死にが出た年はたくさんありすぎるんでね。いったいどの年のことをいってるんだい？」。村人たちはあの年のことはきれいに忘れていた。

そこで、著者は想像でそれらしく書くよりは、当時の『大公報』に載った記事や中国駐在のアメリカ外交官が本国政府に送った報告書、さらに『タイム』の記者の文を引いて真相を追うことにする。時は日中戦争の末期。指導者・蒋介石が被災者三千万人という大干ばつの報告を受けても、信じない（ふりをした？）ばかりか、翌年のイナゴ大発生による飢餓地獄の最中さえ、厳しい軍糧の取り立てを黙認したのはなぜか？

そして、現状を探訪した外国の報道人によって世界に知らされるや、為政者の取った姿勢は今日でもさして変わらない。

さらに驚くべきは、食料を与えて河南省の民衆を日本軍が救ったというのだ。これは美談だろうか。日本軍に協力した村人も多かった。彼らは売国奴だろうか？

昨年、中国で続いた反日騒動を思うにつけ、この事実に意を強くする人も多かろうが、それは早計というもの。国の歴史には民衆の与《あずか》らぬ裏があり、それを知り、考えるには読んでもらうしかない。

ただ、どの時代でも民衆の生活基盤は「食う」ことだ。著者の視点は為政者や国の歴史でなく、一貫して民衆の暮らしに重なる。中国でも論議を呼び映画化の話が進行中というが、実現が待たれる。

劉燕子訳、竹内実監修。

西日本・読書館 2006.5.21

ミステリー手法での新境地　『わたしを離さないで』カズオ・イシグロ

早川書房

あのカズオ・イシグロが、こうも謎と恐怖に満ち、こうも哀切な長編小説を書いた。私は静かな興奮さえ覚えて一気に読み終えた。

著者は、一九八九年に『日の名残り』で英国文学最高のブッカー賞を受け、映画化とともに一躍、世界的な評価を得た作家である。

当時は、英国伝統の階級世界を英国人以上に、日本人が英語で書いたという話題性もあった。しかし、以前の作品も読めば、微かな心理の陰影と揺らぎを内面のカメラが追うような物語の運びに、文学の美味があることがわかる。何を書いても端正なのだ。

今回の小説は、これまでのイシグロ作品から想像もできないテーマと手法で読者を驚かせ、深い戦慄と感動を与える。

物語は、優秀な介護人であるキャシーという女性の回想から始まる。彼女は外界と隔離された施設で仲間達とともに育った。

概して、全寮制の施設や学校を舞台にする優れた小説や映画は、日本には少なくて欧米に多く、少年少女期の濃密な友情、嫉妬、裏切りを通しての成長が描かれる。ここでもそうである。だが、この物語はキャシーと仲間たちのうるわしき青春小説ではなく（たしかに、その一面はあるが）、彼らに課せられた運命と境遇は余りにも厳しく不可解だ。

冒頭から頻出する介護人、提供者、懐かしいペールシャムという施設とは一体何のことだろうか。ミステリー小説の手法で書かれた、この物語の秘密を追って、読者はささやかな手がかりをもとに読み進むことになる。ここで、隠された真実を明かせないのはじれったいことである。

その手がかりは正確で繊細な語り手の記憶を頼りに、至る所に惜し気もなく散らばっているが、すぐに明かされる秘密はさらにまた次の大きな謎に溶解していく。風の匂い、室内の光線、教師や仲間たちの表情と動きはあくまでもリアルな描写で読みあきない。

そう、この世で一番ミステリアスなものは心の地図だと思う。だが、ペールシャムを出て養成所の日々を語る第二部、仲間と離れて現実の任務を迎える第三部と進むにつれ、回想のすべてが未来につながる伏線だったことがわかり、新たな恐怖と悲しみに襲われる。

ここに語られる世界は、すでにもう私たちのものである。しかし、絶望的なテーマを扱っても、どこかに救いがあり、それこそが上質なイシグロ文学の魅力だろう。こなれた訳文の助けも大きい。

土屋政雄訳

西日本・読書館 2006.6.18

百年の性の快楽と純愛　『わが悲しき娼婦たちの思い出』G・ガルシア＝マルケス　新潮社

八〇年代、中南米文学ブームは日本にも及んだが、代表的な一人がコロンビアのマルケス。多くの荒唐無稽な物語から、魔術的リアリズムというキー・ワードが一人歩きさえ始めた。『百年の孤独』といえば、今は彼の長編傑作より先に焼酎名を思い浮かべる人がいるかも知れない。

時めぐり、『ガルシア＝マルケス全小説』が出るのはうれしい。本書はその皮切りで、「作者77歳にして川端の『眠れる美女』に想を得た」と帯にある。眠れぬ夜にノーベル賞作家、二人の資質を読み比べるのも一興だ。

「満九十歳の誕生日に、うら若い処女を狂ったように愛して、自分の誕生祝いにしようと考えた」。一行目からしてラテンの面目躍如といえそうだが、別にマッチョの自慢話ではない。

むかしはその道でならした「私」が、二十年ぶりに私娼宿の女主人に要望を伝えると、「いったい何をしようっていうの」と痛いところを突かれる始末で、その台詞はビミョウにおかしい。

その人独身？　はい。本人いわく醜男で、新聞社を定年で辞めた後は年金と冴えないコラムを書いて暮らしているが、そこそこに人望はあり、気楽な生活のようだ。

呆れられながらも念願かなって、眠れる美女をどうしたのか。貧しい娘は昼の賃仕事で疲れはてベッドに眠りこけている。彼は勝手な想像上の名前で呼びかけ、そっと歌をうたってやり、添い寝をするように同じベッドで眠った。

明け方、まだ眠っている少女の額にキスをし、彼女のために神の加護を祈って宿を出る。「通りで焼けつくような陽差しを浴びて、改めて九十歳という年齢の重みを感じ、死ぬまでに残された時間はわずかしかないと考えはじめた」

こうして、彼の新しい人生が始まった。次の機会を待ちこがれ、贈り物を考え、恋文を綴る。若者の純愛と少しも変わらない。それをコラムに書くと、読者の反響がよくて、寄稿継続を頼まれる。果樹と日光の汗ばむ匂いに満ちた愛は、川端の病的なエロチシズムとは大きく違う。川端の江口老人は、「たちの悪いいたずらはなさらないでくださいませよ」と、宿の女から念を押され、こちらは逆に、何もしなかったことを女主人から詰《なじ》られるのだ。

どちらも老いと性愛を描いて、川端は死の空気を漂わせ、マルケスは生のよろこびに存在感をもたせる。荒唐無稽さは縮小したが、このよろこびこそが彼の魔術。木村栄一訳。

西日本・読書館 2006.10.29

ことばの生命力と冒険　『息のブランコ』ヘルタ・ミュラー

三修社

軽妙な冒険小説かと見紛《みまが》う書名だが、全くの誤解ではない。この異色の収容所小説は、身体はむろん、心とことばの冒険に溢れているからだ。

なぜ異色かといえば、まず、苛酷なソ連の収容所《ラーゲリ》体験がルーマニア少年の醒めた視点から語られていること。次に、理不尽さに拮抗して彼が語ることばの創出力。その若さは生き延びる体力を保持し、空想とことばの冒険に心を委ねて、正気を失わずにおれた。

「指ぬきのような狭い故郷から抜け出したかっただけなのだ」と、本好きの少年は家畜輸送車より酷い列車の中で思う。そもそも、息苦しい故郷での男色行為を密告されて収容所送りになった17歳の身としては、別世界へ旅だつような開き直りの気分もあったろう。

着いた別世界は死と飢えが支配する所。息も縮むブランコの恐怖が襲うのだ。監視官の機嫌、罠、危険労働などのせいで、いつ来るか分からない。やっと逃れて息つく間もなくブランコの乱気流に襲われ、「空のフックを探してぶら下がる」。これが「息のブランコ」。極限状態で恐怖は何十年経ても残り、「この息のブランコが化け物となって急に襲いかかってくる」。

断片も含む70話の中には、「心臓シャベル」をはじめ人間以外の者が登場するが、その最たる影の主人公が「ひもじさ天使」。それは人を「助けもするが、脳を蝕む」もので、「本当にひもじいときに、ひもじさの話をもちだしてはならない」。「ひもじさはものさしで測れるような代物ではないから」だ。

「おまえはきっと戻ってくる」という祖母のことばを思い、彼は望郷の念に駆られる度に、「白い豚にのって故郷へ帰る」ことを夢想した。だが解放後の故郷での不幸は痛ましく、似た道を辿った『帰郷』のP・レーヴィや詩人P・ツェランの悲劇が想起される。

取材から小説化にかけた年月と使命感がみごとな描写と文体に結晶した。ノーベル賞作家、協力者の詩人、訳者、三位一体の結実がすばらしい。山本浩司訳。

西日本・読書館 2012.1.15

運命には翻弄されても　『ばかものギンペルと10の物語』アイザック・B・シンガー　彩流社

　このイディッシュ語による短編集には運命の気まぐれに翻弄される人間の欲や愚かさが描かれており、不幸の見本帳のようだ。いかに世界は悪意にみちているかという奇天烈な話が笑いさえ交えて語られるのだから、ユダヤ系文化を知らないと戸惑うばかり。だがナチスの大量虐殺のせいでイディッシュ語の話し手は絶滅寸前と聞けば、せめて訳本でも奮起して読まずにはおられまい。

　物語の殆どが迷信や呪術が残るポーランドの古い田舎を舞台とする。魔術的に時空を移さねば社会の軋轢や現実の辛さに耐え難いものがあっただろう。超お人よしの生む笑いは苦く強靭な防具になるのだ。

「ぼくはばかものギンペルだ」で始まる標題作の主人公には、のろま、とんまなど七つのあだ名があったが最後の「ばかもの」だけが付いたまま。孤児の彼は村中の者からだまされて酷い目に遇う。その要因は「信じ込みやすいこと」だと彼も自覚しているのだが。相談を受けたラビは諭す。「彼らがばかなのだ。隣人に恥ずかしい思いをさせる者はみずから楽園を失う」と。本当かな？　読者は信じずとも彼は信じた。

最悪の女と結婚させられ、散々コケにされ、虐待された挙句、妻は他人の子を残して死ぬ。悪霊は報復を勧めるが拒否した彼は村を後に物乞いとなり、悪霊の言う泥沼の来世を平然と待つ。「神をたたえよ。そこでは、ギンペルでさえだまされることがない」。結末に救いも教訓もない。それこそが教訓ではないか。

すべてを悲観的に読むことはないだろう。不幸は貧者にも富者にも、勤勉家にも享楽者にも降りかかる。愚直な靴つくりの老人が奇想天外な旅を経て、先に渡米した一族と出遭い昔通りに暮らす話など心和む。

著者は1904年ポーランド生まれ。反ユダヤの難を逃れ米国に移住後もイディッシュ語で書き続け、ノーベル文学賞を受けた。それは「有名でない巨匠に」という同賞の理想に基づく。映画「愛のイェントル」の原作者でもあったと知れば親しみがわく。村川武彦訳。

西日本・読書館 2012.4.29

幼年時代こそふるさと

『庭園の五人の子どもたち』シモーヌ・ド・サン＝テグジュペリ

吉田書店

世界的に層の厚い読者をもつ『星の王子さま』の作者、アントワーヌ・ド・サン＝テグジュペリはふるさとを問われて、自分のふるさとは幼年時代だと答えたという。本書は彼の実姉であるシモーヌによる回想記。フランスの地方小貴族の家に生まれ育ったきょうだい五人の幼少期と家族の日々が両次大戦に挟まれた時代を背景にみずみずしい筆致で語られる。

中でも、聡明で活発なアントワーヌは家族劇やことば遊びなどに創意を発揮するリーダー的存在だった。その一方で、後の作品に見られる、美しい砂漠の寂寥感や弱く小さなものに寄せる思いの萌芽が窺える。

シモーヌの回想によれば、「〈飼い馴らす〉っていうのは、つながりをつくることさ」――後に『星の王子さま』の中で、アントワーヌは書いている。わたしたちは、自然界全体とつながりをつくってきたのだ」

子どもの王国は屋根裏、木の上といたる所にある。彼らの楽園は「みんなで地面に這いつくばってコオロギを捜したりもした」屋敷の庭園だった。そこで飼い馴らす虫もウサギも草木も隔てない家族なのだ。

また、最高の仲間だった弟のフランソワとともに機械いじりに熱中する様は男の子なら覚えがあるだろう。15歳で死ぬ弟は枕元の兄に自転車やモーターを遺贈する。アントワーヌが撮影した死の床に眠るフランソワは神の子と呼びたいほど清らかで胸を打つ。

弟を失った兄の悲しみは大きく、「後に『戦う操縦士』の中で、アントワーヌはドイツ軍の砲弾に死の危険を感じながら、子ども時代のことを思い出している。弟の死の場面が脳裏によみがえってきたのだ」。

ここには、恵まれて育った小さな王子がいくつかの挫折を経て作家と飛行士を志すまでの半生が陰影をもって浮かんでくる。姉である著者は弟一人の評伝と見てほしくなかったらしいが、「大切なことは目に見えない」という作家とその縁者の生きた軌跡をこころの目でよく伝えた。豊富な写真もファンには魅力的だろう。谷合裕香子訳。

西日本・読書館 2012.5.20

華麗でみじめ 男の哀歓　『リヴァ・ベラ』パトリス・ルコント

春風社

ここリヴァ・ベラはノルマンディー海岸の漁師もいる普通の海水浴場。豪華で洒落た装飾などない。〈つまりは静かで、親しげで感じがいい。だから、少し流行遅れでもある〉。いいぞ。これがルコントの持ち味。

遠くの砂浜で黒服の男が凧を揚げようとしている。男は少女と一緒で、揚がらない凧を掲げ何度も走る。〈さらに細かく確認すると〉40歳くらいの男は活発な少女の父親でなかなか魅力的だ。裸足《はだし》でズボンの裾を捲った父と娘は諦めて仲良く帰り始める。向こうの浜にはカモメの群れが。遠近の移動描写が巧みだ。

黒服の男、トニは海岸のヴァカンス地を巡る魔術師で、その人気の大半は相方のスタイル抜群でセクシイな妻に負う。トニはこの妻が誇らしく、愛する娘と三人で魔術ショーを演ずる幸せに満足していた。さてホテルに戻ると、妻の姿はなく、置き手紙があるだけ。昨夜一緒に行ったホールで踊った胡散臭いアルゼンチンの歌手と去ったのだ。部屋中どこも空っぽ。〈大柄なトニ・ガルボは嗚咽しそうになる〉

その夜の舞台は、妻が具合悪くてベッドから離れられないと支配人に告げる。たしかに妻はあの男とのベッドから離れられないだろう。窮して娘と演じた奇術は散々で、次々と不幸はつづく。周囲に寝取られ男と知られる屈辱と妻への切ない未練とで男は苦しむが、ひょんなことから催眠術師として人気を挽回する。

ミラーボール、スパンコールの華麗な衣装と喝采。幻想だけで生きてきたような男の中に、いま別のみじめな男がいるのだ。一方、妻はけろりとしたもの。物語の展開も会話も幸と不幸がトボケていて可笑しい。

本書を読んでいると映画をみるように場面や人の動きと表情が目に浮かぶ。それもそのはず、著者は映画監督で「髪結いの亭主」などの男女の謎めく愛や「歓楽通り」といった芸人たちの哀歓を数々の映画で表現した。2冊目の本小説を映画化する予定はないという。当然だろう。脚本でないのに、小説が映画そのものだから。また、桑原隆行の訳文がこなれていて、ルコントの映画スタイルを彷彿させる。

西日本・読書館 2012.8.12

百科全書でもある自伝　『ブラッドベリ、自作を語る』レイ・ブラッドベリ、サム・ウェラー　晶文社

ＳＦの巨匠という称号のおかげで、ブラッドベリの作品が真の読者に巡りあう機会を失うのは読書界の不幸のひとつではないだろうか。残念だと思う。

12歳で小説家を志した時から毎日書き続けたレイ少年は、膨大な作品を残して今年5月に宇宙に旅立った。本書は、この作家への10年に及ぶインタビューからなり、そのままブラッドベリの自伝とも百科全書ともいうべき魅力的な読み物になっている。

田舎町の質実な家に育ち、少年の好奇心と歓びを終生手放さなかった作家の話は、幼年時代からスター作家になるまでの多岐にわたるが、中でも「ハリウッド」「自作を語る」「創作の秘密」の章が興味深い。

大恐慌時代に父親の職探しで家族がロサンゼルスに移転して以来、レイはその地を離れなかった。何しろ「人生の真ん中に映画があった」というほど、ローラースケートでハリウッドの隅々を走り回っていた少年は映画から多くを学んだ。一番印象に残る映画が「ファンタジア」と「市民ケーン」だったという。

代表作に少年時代のキラキラした時間を捉えた『たんぽぽのお酒』、サーカスや未知が誘う魅力と恐れを繊細な筆致で描く『何かが道をやってくる』、そして「赤狩り」の全体主義にいち早く抵抗して近未来の焚書を描いた『華氏451度』。この三作は作家自身とファンが一致して挙げるが、その他『火星年代記』などの宇宙ものの中短編が読みきれないくらいに。

彼はいう。映画の秘密は脚本にあり、創作の核はメタファーにあると。なるほど、ローラースケートも手品師も避雷針も灯台もそういうことなのだ。

また、この作家が科学テクノロジーの知識に乏しく、ケータイやパソコンを持たず、タイプライターで書いていたと知って喜ぶのは私だけではないだろう。仲間が死に絶えた後100万年も海底で孤独に耐えていた恐竜が、遠くに響く霧笛を仲間の声だと思い込み何年もかけて灯台に会いに行く。作家自身も好きだというこんな哀しく美しい短編『霧笛』を忘れかけていた。本書を開くまでは。小川高義訳。

西日本・読書館 2012.9.23

奥深いイタリアの陰影　『カオス。シチリア物語』ルイジ・ピランデッロ　白水社

料理、ファッション、文化遺産、観光と日本でのイタリア人気は衰えない。その一因には陽気でくだけたお国柄という、勝手な思い込みの親近感があるだろう。

それを否定はしないが、現在も貴族の家系が残り、一方ではカモッラ（マフィア）が暗躍する国。そんな一筋縄ではいかない、光も影も入り混じったイタリア統一前後のシチリアを主な舞台にした短編集である。

プロローグ「ミッツァロのカラス」は山野の空高く弧を描く一羽のカラスが登場。その首には子どもの悪戯で鈴が掛かっている。チリンチリン。どこからか響く音色に、村人は吉凶ともに予想できない思いに捉えられた。遥かな空を悠々と舞うカラスと貧しい地に生きる人間との知恵比べがのどかに描かれる。

牧歌的な語りに浸っていると、予測もしない話の続出に度肝を抜かれる。「もうひとりの息子」のおぞましい事件と母親が秘めた悲痛な過去との因縁に胸を抉られるかと思えば、風土色濃い狼男の幻想奇譚「月の病」や、物欲と権勢がらみの男が頑固な職人から一杯喰らう「甕」という喜劇仕

立ての他、老いたるロミオとジュリエットと呼びたい男女の純朴な愛の行方を見守る「ツケを払うのは」など、飽きさせない。

笑い、諧謔、素朴と残忍、土俗と幻想、誇り高い無償の愛など、人間の悲喜劇がまるでミネストローネ（具沢山のスープ）のような味わいで供され、濃厚な混沌《カオス》の風味だ。偶然なのか、島には題に採られたカオスという名の地域があるとは興味深い。

かつてタビアーニ兄弟監督が映画化したときの強烈な印象を覚えている方も多いはずだ。私もその一人だが映画に含まれた話以外の多種多様な知られざる物語にここで出遭うのは思いがけないよろこびだ。小説では映像や音に代わるのが文と言葉である。この島では、蛍を「羊飼いのロウソク」と言ったとか。

私が好きな物語は「シチリアのレモン」。どうぞ読んでみてください。著者は20世紀の前衛、不条理劇の先駆けとなった劇作家で、笑いと涙の語り口に抜かりはない。白崎容子、尾河直哉訳。

西日本・読書館 2012.12.2

名シェフたちのアラカルト　『天使エスメラルダ　9つの物語』ドン・デリーロ

新潮社

アメリカのポストモダン小説の巨匠と言われるこの著者を知らなかったけれど、訳と紹介が柴田元幸一門ならば信頼できるというもの。私みたいな一見者でも入りやすいように名シェフたちがアラカルトで選んでくれる。何から試食してもいいが、どの短編にもおかしな出来事や会話から現実と生のきしみが滲む。ただ感傷には流れない。

意味深長な題の「天地創造」は、離島で休暇を過ごした男女が、なぜか何日も帰りの飛行便に乗れず、次第に余裕をなくしていく話。あのベケットの劇のように待ち続ける先に、何があるのか。

この人類からの隔離感は、次の「第三次世界大戦における人間的瞬間」の、宇宙船に乗り組んだ二人の技術者にも漂う。彼らの会話は船内から眺める世界大戦のことより、過ぎ去った地上での日常断片に熱心である。特に23歳の青年が懐かしむ過去のラジオ番組や音楽の話が印象深い。

表題作「天使エスメラルダ」は、大都会の奇蹟譚といえる。廃墟化したブロンクスの一地区では貧困、病気、暴力などから子どもたちが死んでいく。そこに食料雑貨を届けに通う老修道女は、浮浪少女のエスメラルダを保護したいのだが、いたいけな少女は賢く敏捷でいつも逃げてしまう。

子どもが死ぬ度にビルの壁に天使の絵を描くアーティストもいれば、観光バスで貧困区を見に来る人種もいる。エスメラルダが殺された後、大きな広告板に聖痕のような彼女の姿が浮かび群衆は感動する。ここでは宗教心に特定せず、寄るべなき魂のふるさとへの希求が語られているようだ。

他に、淡い青春小説の趣きをもつ「ドストエフスキーの深夜」、犯罪者が収容所で得た特異な視点の「槌《つち》と鎌」など、分断された現代人の不安には笑いも潜む。訳者の柴田元幸、上岡伸雄、都甲幸治、高吉一郎は各自の分担訳を相互にチェックしたという。この熱意のおかげで、読者はきっとお気に入りの作品に出遭うだろう。

西日本・読書館 2013.9.8

生と死の世界を往来し　『私のいた場所』リュドミラ・ペトルシェフスカヤ

河出書房新社

この世界は現代ロシア版の「聊斎志異」か、あるいは「雨月物語」か。読みだすや、身辺にぞわぞわとした気配が迫る幻想短編集である。幻想が夢の領域というなら、これは生と死の魅惑に満ちた悪夢だ。幻想小説は英米の十八番《おはこ》と思っていたが、著者は世界的な文学賞を受けた現代ロシアの女性作家。

好奇心から暗い井戸を覗き込んだ私は、文学という闇の素手で肝を摑まれた。妄想あり、ホラー風あり、行方知れずの愛あり、多岐にわたる本書の住人たちは何と陰鬱であることか。それほど不幸で息苦しい状況にいる彼らは、生きたいのか死にたいのか、と読みながら訝《いぶか》しむ。常に生と死の世界を往き来しつつ、その中間地に漂い彷徨《さまよ》う人たち。一体どこに連れていかれるのかと、息を潜めて読者もついていくしかない。

第1章『不思議な場所』には、家の物が勝手に動いたり、未知の〈あいつ〉が棲みついている気配がする。さらに懐かしい場所に行けば、住む人の心も景色も壊れている。姿のない凶暴な〈あいつ〉の棲み家は心の闇にありそうだ。しかし、「家にだれかいる」の〈母さん娘〉はテレビに象徴される温かい我が家を考えて、自分の人生を取り戻す。死んだ少女が生き返る話の「噴水のある家」では、父親が心臓を食べて（輸血?）、娘を取り返す。父親の夢の中のできごとらしい。

第2章『東スラヴ人の歌』には、辛くおぞましい怪奇が描かれ、戦争の死の影が尾を引く。

第3章『お伽噺』は寓話的な物語が多く、キャベツ畑で生まれた赤ん坊を巡る親指姫的な「母さんキャベツ」や、魔女の恩返しの「アンナとマリヤ」など、童話風でも逆説にみちる。

第4章『死の王国』は死と生の暗闇が色濃く、「黒いコート」の記憶喪失の娘は真冬にマッチを擦っては見知らぬ場所を移動するが、果して自分に戻れるのか。本を閉じた後も明暗の余韻が響き合う。

リュドミラの本は思想書でないのに、当局は長く禁書扱いにしたという。巻末に、いまを生きる著者自身の魅力と作品の背景が訳者によって丁寧に記され、貴重な章となった。沼野恭子編訳。

西日本・読書館 2013.10.6

イスラムに生きる女性　『幸せの残像』パリヌッシュ・サニイ

書肆侃侃房

　イランの現代小説を初めて手にする。私の中東の読書地図は中世ペルシャの詩集「ルバイヤート」や「薔薇園」からいきなりアッバス・キアロスタミ監督の映画に飛んでしまうのだ。だけど、本のカバーの少女が何か言いたげに真っすぐこちらを見つめているので知らんぷりはできない。幾晩かけても話を聞くと無言の約束をしてしまった。

　こうして激動のイスラム社会に生きるヒロインが語る、波乱の半生を辿ることになった。初めはかなり怯んだのだ。まず600ページを超える大冊の巻頭に登場人物40余名の列記を見て、この人口密度は何だ！　と。だが、その人間関係はおのずと分かるのだった。まさに案ずるより読むが易し。

　厳格なイスラム教徒の一家とテヘランに越して来た内気なマスーメは、父親の愛情に守られて学校に通い続けることが許された。活発な級友パルバネが何かと助けてくれ、互いの友情は離れても生涯の支えとなる。マスーメの向学心や淡い恋心を阻むのは周囲の因習だが、最たる暴君は戒律と体面を重んじる2人の兄だった。義務教育の平等を訴えるあのマララさんを思いだす場面も多い。

マスーメの夫となる人は女性の自立に理解を示し、革命の理想に燃える活動家だが、政権交代の渦に翻弄された一族の境遇は二転三転。夫は命を奪われ、遺児を抱えた彼女の長い苦難の道が始まる。新しい仕事、裏切り、恋、再会、親子の葛藤と別れ、希望と絶望のはざまで生き、自分の人生を後回しにする彼女を見放せず、後半も一気に読み進む。これは控えめな愛の小説か、骨太の社会小説か？　両方のドラマが読む者を惹きつける。

訳者によればペルシャ語の原題は「私の取り分」。本書は英訳版を使った重訳である。イランでは発禁処分を受けるが、イタリアでジョバンニ・ボッカチオ賞を受賞し、多くの国で読者を得ている。彼女の人生に「幸せの取り分」は残っていただろうか。那須省一訳。

西日本・読書館 2013.11.3

故国喪失者の内なる壁　『愛と障害』アレクサンダル・ヘモン

白水社

いまの世界同時文学という潮流の中で、故国喪失者のマイノリティー抜きにアメリカ文学は語れない。

本書は渡米した旧ユーゴ出身の著者による連作短編集。サラエヴォ紛争前後の物語がひねりの効いた痛みと愛惜の情感を交えて展開し、軽快を装う文体と巧みな通底音に魅かれた。訳文の功績も大きい。

1980年代の初め、サラエヴォで本に引きこもっていた「僕」は、ユーゴの下級外交官の父が働くザイールで一夏を過ごす。常にコンラッドの『闇の奥』を携えた少年は、妄想、好奇心からの背伸び体験を通して、「僕はかつて僕だったすべてから遠ざかっていた」。サラエヴォに戻った彼の聖書はランボーの詩集になり、退屈と不安から毎日詩の断片を書きため、その自信作が「愛と障害」と題する詩だった。「世界と僕のあいだには壁があり、／僕は歩いて通り抜けなければならない」

真の障害である壁が自身の内にあると知るのは何年も後のことだ。彼は青臭く過剰な自意識に歪む壁を通り抜けようと、アメリカに渡るが、ユーゴ紛争で祖国を失い、作家になった今「祖国ボスニアの痛めつけられた魂とつながっている」と感じている。滑稽で侘しい郷愁を誘う話が見られ、語り手のことばが美しいのが皮肉でもある。「スコッチの色が外の木の葉の色と韻を踏んだ」

この一冊を、よくある文学熱病者の成長小説と読むだけでは掬《すく》い取れないことがある。それは、大国アメリカへの複雑な意識、自国周辺の詩人や愚直な父親への侮蔑と畏敬といった愛憎の思いだ。また、絶えず胸に去来するのは、祖国滅亡の紛争時に居合わせなかった者の後ろめたさである。

だからこそ、他者の目に迷走とも映る唐突な言動に自責と恥の意識がついて回るのだが、最後の「苦しみの高貴な真実」では、すべてを赦《ゆる》すふしぎな詩人への抗いの末に、ずっと愛の障害だった自身の壁を通り抜ける。長く希求し続けた文学への扉が開かれたのだった。岩本正恵訳。

西日本・読書館 2014.4.20

骨がきしむほどの愛の詩　詩集『牢屋の鼠』劉暁波

書肆侃侃房

「骨がきしむほどの愛の詩に触れることは世界のかなしみに近づくことではないだろうか」と帯にある。著者は中国政府にノーベル賞の受賞を認められなかったばかりか、2008年以来いまも服役中である。この社会思想家の詩集が日本で初めて刊行されたことは、文学上の密かな事件とさえ言えるだろう。

表題詩「牢屋の鼠——霞へ」の全行を引く。同志にして最愛の妻・霞もまた幽囚の身で離れている。

〈一匹の小さな鼠が鉄格子の窓を這い／窓縁の上を行ったり来たりする／剝げ落ちた壁が彼を見つめる／血を吸って満腹になった蚊が彼を見つめる／空の月にまで魅きつけられる／銀色の影が飛ぶ様は／見たことがないぐらい美しい／／今宵の鼠は紳士のようだ／食べず飲まず牙を研いだりもしない／キラキラ光る目をして／月光の下を散歩する〉

格子窓の内と外。ダブルイメージの鼠に仮託した深いかなしみと矜持が月光に輝く。身は拘束されても、この詩人の魂と愛は閉じ込められず、今宵の鼠は何と高貴な精神の紳士であることか。

ほかに注目したのは内外の文学、思想家たちへの共振／反発する詩群だ。史家・司馬遷を通して中国五千年の血生臭い秘部を突く「太子公の遺志」、そして〈反文明のヒッピー〉だと揶揄する「頬髯のプラトン」に、思わずニヤリ。「ボルヘスの暗黒」では〈バラの花の中の老いた虎〉、「カフカ」では、この迷宮に隠れる独身者に〈あなたが大好きで大嫌いだ〉と。

妻と共有するリルケ、デュラス、E・ブロンテなどをはじめ、重層する暗喩で包まれたキイワードの読み解きは、興味ある人には驚嘆の愉悦となろう。文芸による文芸批評という、一種のメタ詩でもある。

世界的悲劇の度に溢れる、良心の免罪符まがいの凡百の詩とは一線を画す本書には盗みたくなることばが詰まっている。編訳者の切々たる後記とも併せて読んでほしい。田島安江編、田島安江・馬麗訳。

西日本・読書館 2014.5.25

虚無と快楽が反転して　『ランサローテ島』ミシェル・ウエルベック

河出書房新社

著者撮影の写真集と小説を併せた贅沢な本である。

もう地球上には未知の風景などないのでは、と思っていた無知を思い知らされた。上に伸びるはずのサボテン群が幾何学模様を描き砂漠地を這いずるカバー写真をはじめ、奇怪で荒涼たる光景に目を奪われる。

地球の始原か、あるいは滅びの果ての眺めか。そんなSF的な様相を帯びて広がるパラレル世界じみた島が、望めば誰でも行ける現実の島である驚き！

さて、物語の導入はフランスの旅行代理店。冬のヴァカンス地を探す「私」はカタログを手にした店の女性に、好みと予算などの要望を告げる。彼女はてきぱきとスペイン領アフリカ沿岸沖のカナリア諸島を薦める。その定番外メニューは条件に適《かな》っていた。

「それはどこですか?」「ランサローテ島です」。これで決まり。さあ、皮肉屋の「私」について、このツアーに乗っかってみよう。もしあなたが醜怪なサボテン、火山溶岩の荒々しい土地と灰色っぽい海の写真を見て嫌になれば、本を閉じるだけでいい。面倒な手続きもキャンセル料も不要だから安いものだ。

しかし、この奇妙なツアー小説は、「私」の乾いた語りに読みどころがある。彼によればヴァカンス地選びにおける国民性はこうなる。ノルウェー人は観光にも進取の気性をもち、イギリス人は去年も来たからというだけで再訪して同国人で集まるが、虚栄心の強いフランス人にこそ薦めるのがこの島だと言う。

特に〈フランス難解派詩人〉たちはこんな詩をひねり出すことができるだろう、と。〈影、／影の影、／岩の上の痕跡〉。日本人ならどうなのだろう。

ツアーは、「私」と謎めく影をひくベルギー人の男、レズビアンのドイツ女二人の大胆なセックス、小遊覧などを通し、ある種の友情で打ち解けていく人間模様が展開。

自他に向ける著者のアイロニーさえ、この虚無の島では、絶望と快楽の反転という贅沢さに溢れる。受け手の好き嫌いで大きく分かれそうだが、ちょっとヘソ曲がりさん向けのアンチ・ガイドブックとして格好の一冊だ。野崎歓訳。

西日本・読書館 2014.6.29

アンチヒーローの文学遺産　『黄泉の河にて』ピーター・マシーセン　作品社

生きるに値するような世界観を期待するならしたたかな痛打を受けるだろう。それでもなお著者自選のこの短編集を読み進むうちに小説という魔の蟻地獄に引きずり込まれ、アメリカ文学に脈打つ強靭な精神と行動の表現者魂にあらためて思いを深くした。

わけありアンチ・ヒーローたちのほとんどは、どこまでも渇き、孤独で、絶望的な状況をどこか他人事のように眺めながら、敵を追いつめ、逆に追いつめられて出口なしの陥穽《かんせい》に沈んでいく。非情な敵は自然環境や獣であったり、犯罪の追っ手であったり、家族の確執であったり、自身の過去であったりする。

表題作「黄泉の河にて」。メキシコ湾に注ぐ水路沿いの辺境の町に魚釣りに来た夫婦は、黒人ガイドをはじめ、住民たちから理由の分からない疎外と抵抗に遭う。マングローブの茂るねっとりした河口、太陽にあぶられたラム酒と汗の匂い。釣りの成果はなく、じわじわと得体の知れない町の秘密に包囲されていく。そして何かが分かりかけた途端のあっけない幕切れ。一体これは何だ。一瞬、主人公もそう思ったのでは？

後は逆らわずに読むだけだ。目と耳が捕えたことの克明な描写、無愛想な語り口は、ハードボイルドの祖、ヘミングウェイを彷彿させる。島に逃亡した「流れ人」と張り込みの男との、腐臭漂うサバイバル戦の息詰まる数日間もそうだ。「季節はずれ」では、拾った噛みつき亀がもとで縺《もつ》れた夫婦の容赦ない口論の果ての破局にオールビーの台詞劇を観る思いがした。

優れたノンフィクション作家でもある著者の腕は野生動物を語るときに一段と冴える。「アギラの狼」での伝説的灰色狼を追う狼狩りの達人の執念と、化身めく少年兄弟との道中と末路は、神秘的で崇高な詩情さえ湛《たた》え息を呑む。集中、異色の二編を含め、著者は紛れもなく20世紀古典アメリカ文学の後継者。違いは先人にあったロマン幻想の排除と思える。

コンラッド描く密林の闇に匹敵する辺境の濃密な作品群は書く者としての義だろうか。世界は無だが、人生は続く。私が聞いた声である。東江一紀訳。

西日本・読書館 2014.8.31

非凡で静かな男の一生　『ストーナー』ジョン・ウィリアムズ

作品社

50年前のアメリカ小説。本国では長く忘れられていたのにヨーロッパ各国で訳され、イギリスの著名な作家がラジオで絶賛するや世界的ベストセラーになったという。一体どんな本で、なぜ今?

さしずめひとりの平凡な男の一生とでもいおうか。貧しい農家のストーナーがミズーリ大学農学部に入学する。父が工面した25ドルをもった青年は、辿り着いた大学の佇まいに〈今まで感じたことのない安心と静謐の念が沸き起こってきた〉

青年は寄宿する家の過酷な農作業に黙って耐え、学業には〈楽しくも苦しくもなくいそしんだ〉。評価は平均以下だが粗末な服と同じで気にしない。

二年目には将来をぼんやり描き始める。でも、彼はわが身に何が待っているかなど予想もしなかった。それは英文学概論の授業で起きる。尊大な講師の話はまるでわからず、シェークスピアの詩朗読後の質問では言葉に詰まってしまう。

ストーナーの何かが変わり、農学から哲学、英文学の受講生に移り、努力が認められ英語の非常勤講師となる。友ができても競争に無縁な孤独の静けさは変わらず、適当に生きることはできない。

意外にも〈木訥な雄弁さ〉で硬い銀行家の娘とすんなり結婚。この妻は我執が強く夫への愛も理解もなく、夫はそれを受容し、慎《つつ》ましい学徒であり続ける。また大学でも理不尽な境遇に置かれるが、妬みも敵意も抱かずわが小砦に甘んじる。

その間には女性研究生との大胆な熱愛の月日もあった。孤独は優しさにつながり、つかの間の幸せと悲しい切なさが寄せて返すさざ波のように非凡なる凡人の人生を穏やかな死までひたしていく。淡々と語られるストーナーに不幸の影はない。それは作者と翻訳者の愛にいつも見守られていたからだ。読者も読み終えるころは、強いアメリカ志向とは逆の、孤影引きずる主人公への思いを深くするに違いない。みごとな訳者の東江一紀は病床から送稿を続け、一ページを残して他界とある。

西日本・読書館 2014.12.14

半生を育んだ幸と不幸　『潟湖』ジャネット・フレイム

白水社

　よろこびとかなしみは仲のいい姉妹。本書を読んで、そんな文言が思いだされた。肉親との別れと記憶、他者と交われない性質、理不尽な精神病棟への入院と創作、あるいは孤独と想像力。不幸と幸福が手をたずさえ、当たり前の顔で人生のテーブルについている。

　ニュージーランドの女性作家の半自伝的な短編集だが、波乱含みの特異な感性に惹かれる。内向する語り手の、外とは無関係な意識の流れや些細な事象などが省略と飛躍を経て冷静な描写にいたるのだ。

　だから物語を追うより詩を読むように、意識をことばの流れに任せるのが賢明だろう。断章のような文の間に重い秘密がいとも簡単に語られたりもする。まるで大事件と道端の些末事《さまつじ》が等価であるかのように。

　例えば最初の「潟湖」。〈湖をごらん、と祖母はよく言った。海草と蟹のはさみだらけだよ〉。祖母の話が好きだった〈私〉は大人になり、亡き祖母のいた町におばを訪ねた時、ちゃんとした物語を初めて聞く。それはマオリの王女だった曾祖母と一家の秘話だ。

〈私は子供に戻っていた。おばあちゃん、お話して〉。おばは微笑して、今の週刊誌的な雑誌『真相』に載りそうな曾祖母の秘密を話して、〈私は『真相』よりドストエフスキーのほうが好きだけどね〉と言う。〈話していたのはおばだったのか、祖母だったのか、それとも白いレースのドレスを愛した曾祖母だったのか?〉。子供時代の潟湖の情景が幻想とも現《うつつ》ともつかず、物語はストンと終わって余韻が長引く。

また、サンタの贈り物に虎を願う少女の話「虎、虎」のシュール味。わずか2ページの「路面電車で」は酔っ払いと乗客の様を描くナンセンス画の趣き。「庭」の自閉感など多様であるが、「私の最後の物語」での、凍りついた内面の告白めく結びは衝撃を与える。

でも恐れないでほしい。全編に漂うみずみずしさが、大人にならないあなたの中の子どもに出遭わせてくれる。そして、あの映画『エンジェル・アット・マイテーブル』の少女が世界の作家となった姿に再会するだろう。山崎暁子訳。

西日本・読書館 2015.2.8

現実透視の奇妙な魅力　『元気で大きいアメリカの赤ちゃん』ジュディ・バドニッツ　文藝春秋

現在の海外文学にかつての国別文学地図を重ねても余り意味がない。特に他国からの移住者が多い米国の場合、文学の多面性を一括りにはできないだろう。これは翻訳小説の一読者としての思いである。

本書は、生まれも育ちもアメリカの女性作家の繰りだす荒唐無稽で奇妙な短編集。まあ、書く方も書く方だが、読む方もそうだ。幻想、ホラー、黒いパロディー、何とも不気味な話が続くのに、どこかユーモラス、どこか善良、どこか小心な人たちの中にいつしか私自身も交じっている。それが読み通した理由の一つ。

たとえばアメリカでの出産を熱望し、4年間も不法入国と強制退去を繰り返す臨月の女性と赤ん坊の後日譚がある。無視できないのは、米国で出産することの今日的な意味と母親の子によせる親心である。

「優しい切断」は戦場の教会で負傷者の腕や脚を切断することに異常な愛情を注ぐ外科医の話。ここでは無数の腕が地面に植えられて育ち優しく揺れる。中でも読み応えがあるのは、架空の社会主義国を舞台にした「顔」で、少女の目から回想する物語だ。

〈〝あの顔〟について説明しておきましょう。視界を圧してそびえ、人々の肩ごしにのぞきこみ、夢にあらわれ、雲間に浮かんで月のように輝いた、あの顔のことを〉。産院の天井に、プールの底に、街の大看板から見守る顔、国民の胸に、便器の上にまであの顔が。至る所で見張る顔とは女首相の肖像画である。

少女は水かきのある脚のせいで国の育成水泳選手に選ばれ、破格の優遇を受ける。それで記録が上がるとは限らない、と彼女は冷ややかだ。身体的特徴のせいでわずかな差を他国につけてもそれが何だろう。

片や同級生のジョスは前衛画家志望の反抗的な少年だったが、女首相専属の肖像画家に抜擢され、高官並みの待遇を受ける。だが、画像に込められた恐るべき秘密と2人のねじれた運命は、予想もしない展開を見せる。読んで確かめていただきたい。

12の物語は表現こそ奇妙だが、どれも現実透視の裏バージョンという意味での皮肉なリアリズムを備えている。おぞましくとも目をそらせない魅力があった。岸本佐知子訳。

西日本・読書館 2015.3.29

ケルトの薄明と精霊たち　『赤毛のハンラハンと葦間の風』W・B・イェイツ

平凡社

〈ようこそ、めくるめく幻想のアイルランドへ！〉とは編訳者の言辞だ。ページを追うごとに〈ケルトの薄明〉が朝夕の露を含む薄霧に広がり、湖沼を渡る風に消えていく。消え残るのは霧の中に続く神秘の道である。イェイツはアイルランド共和国が生んだ至宝ともいうべき世紀末の詩人・劇作家。その偉大な作品山塊から、若き詩人が採集した民間伝承の神話、伝説をもとに6話からなる「赤毛のハンラハン物語」と、その言霊に響きあう詩群「葦間の風（抄）」の初邦訳書だ。

アイルランドを私はどう見ていたか。錚々たる文学者たちの名、アラン島、謎のケルト文様、キリスト教以前の秘教、神話と精霊が生きる国……。すべて映画、写真、紀行文で得た知識のかけらにすぎない。本書を読むうちに、それらのイメージが混然一体となって、〈ケルトの薄明〉に包まれる過程は畏怖と魅力に満たされる読書体験であった。

精霊や妖精におとぎの国の優しい姿を思い描くなら、かれらの仕打ちに身がすくむだろう。ここでは荒ぶる精霊と伝説の敗残王や騎士たちが、恨みと呪いに充ちた残虐な罠で村人の魂を惑わし、破滅させもする。

主人公、ハンラハンでさえ真の吟遊詩人として村人に尊敬される一方で、貧しい教師職を捨てた酒と女好きの厄介な乱暴者と見なされてもいた。ただ、彼の奔放な愛欲の奥に秘めた純愛と、邪悪な精霊と闘った奈落の勲が語り伝えられ、葦の葉に宿る露のように光る。解説にある通り、物語のテーマは〈霊魂の秩序と自然（人間界）の秩序との間の戦い〉である。だからこそ、後半に置かれたロマン主義の美に傾く「葦間の風」詩篇が、激情をなだめる鎮魂歌としての余韻を残す。

こうして私は神秘の森をさまよい、適切な訳注や写真に助けられて無事にあの世界から戻った。恥をいえば、学生時にイェイツの碩学《せきがく》・故尾島庄太郎教授の講義をきいたのに当時は猫に小判。半世紀も経て、新鮮な語り口はもちろん、小体ながら本造りの隅々にまでケルトの薄明を生かした「紙宝」のような一冊を手にし、齢を重ねた幸せを知る。栩木伸明編訳。

西日本・読書館 2015.5.10

一度は子供だった人へ

『子供時代』リュドミラ・ウリツカヤ著　ウラジーミル・リュバロフ絵

新潮社

かつて子どもであった大人のための掌編画文集と呼びたい一冊。第二次大戦後、旧ソ連のスターリン時代に厳しい環境で過ごす子どもたちを巡る物語が胸に灯をともす。大人だけでなく、子どもだからこその悲しみや情けなさが流れるが、印象は温かい。

「キャベツの奇跡」では、遠縁のおばあさんに引き取られた孤児の姉妹がキャベツを買いにやらされる。寒空の下、陰鬱な行列で姉妹は押しやられ、お札を失くして泣きじゃくるだけ。だが、凍えそうな惨めさを抱いて戻る途中の二人にキャベツの奇跡が待っていた。いつも不機嫌で〈雌象〉とのあだ名をもつおばあさんと幼い姉妹の雪解けも遠くなさそうだ。

「蠟でできたカモ」は、おかしな古物交換劇のよう。〈がらくた、ありがた～〉と歌うようなロジオン老人の声が夏の中庭に響くと、彼の荷車に子どもたちが駆け寄り、住民はオンボロの交換物を手に集まる。毎回、交換劇を眺めるだけのワーリカが欲しくて堪らない蠟のカモを手中にした経緯は緊張と笑いを誘う。

ほか、「つぶやきおじいさん」や「釘」など全編に共通するのは、子どもの護りびとたる老人たち。寡黙な彼らの手仕事と曲がり釘一本にも注ぐ愛情は孫に寄せる慈しみと同じで、ジイジ、バアバと呼ばれて喜ぶ甘ったるい祖父母がどこかに置き忘れたものだ。

また、挿入された不思議な絵が、現実の細やかな陰影と憂き世離れした人びとの姿を捉えて余りある。じゃが芋に似た男たち、ふっくら白蕪のような女たち、民話に住む老人たち。素朴な風采と屈託ない顔で遊び、眠るのは、一度は子どもだった大人の証しか。

これらの絵は画家が全く別に描き留めていたもの。同床異夢ならぬ異床同夢の文と絵の遭遇こそが、本書の成り立ちを含む奇跡と思える。幼年とロシア文学の背景を語る訳者あとがきもぜひどうぞ。寒い夜の湯沸かしからのぼる湯気の向こうに、自分だけの場所と思い出が甦るだろう。沼野恭子訳。

西日本・読書館 2015.8.23

ドイツ初の文芸ミステリー 『希望のかたわれ』メヒティルト・ボルマン

河出書房新社

〈本当に悲しくてやりきれないのは、「福島」がなければ、わたしたちはチェルノブイリの大災害を忘れていたかもしれないことです〉と、著者あとがきに。

これは、ドイツ初の文芸ミステリーとの呼び声を超えた精緻な社会小説である。東欧から西欧にかけたヨーロッパのディストピア小説ともいえるが、故郷を失った人たちへの愛惜の深さと心理の層に分け入る人物描写に心を奪われた。異なる国に生まれた人たちの運命を狂わせた事件を巡る三つの物語が並行して進む。点から線へ、線から全体像へと動くにつれ、一見《いちげん》読者の私でさえも気づけば読了していた。

冒頭の場面はオランダ国境に近いドイツの村。二月の早朝、独り暮らしの農場主は追っ手を逃れる少女をしぶしぶ匿《かくま》う。その後ばらばらになった二人を苦しめる国境なき犯罪図は、報道が伝えきれない個々人の悲劇を描きだす。特に、失踪後の少女を尋ねる農場主の行動と煩悶《はんもん》は哀切な余韻を長く響かせる。

二番目は〈ゾーン〉と呼ばれるチェルノブイリの立入禁止区域。そこには家族と離れて猫と居残る選択をした女性の不安な日常がある。自然が恵む四季の移ろいに囲まれた日々は、アノ日以来一変した。彼女の娘は留学の夢を抱いて家を出たきり。今は母親として、娘に宛てて、自身と家族の過去を振り返る手記を書くのが日課だ。著者の描出する現在の〈ゾーン〉生活と女性の手記内容は、二つの物語として補完し合い、人が捨ててはいけない大切なことを問うている。

三番目はキエフ警察特捜班が中心だか、近隣国の警察、諜報員、闇業者など、組織犯罪と監視社会の暗部が底なしに広がり、ニュースで知る断片の解説を読むようだ。並みのミステリーなら、ジグソーパズルの欠片が最後にカチッと嵌《はま》っただけでいいのだが…。

やりきれなさを救うゲーテの言葉が本の扉にある。〈希望は、不幸な人間の第二の魂である〉と。〈ゾーン〉取材をする女性著者への励ましになっただろう。そして読者にも。赤坂桃子訳。

西日本・読書館 2015.10.18

国と言葉を選び直すと　『べつの言葉で』ジュンパ・ラヒリ

新潮社

2編の掌編小説を含むこのエッセイ集を読むと言葉だけでなく、母国、祖国、人種、民族、人間関係など多くのことをあらためて考えさせられる。

ベンガル人の両親のもと英国に生まれ、一家で渡米したジュンパは『停電の夜に』で短編作家の彗星としての登場以来、次々に賞を得る国際作家となる。だが、2年前に米国と英語に背くように夫や子らとイタリアへ移住し、本書を初めて伊語で著した。今後もそのつもりだと述べている。成功者の地歩を白紙に返してまで、何が三番目の国と言葉に駆りたてたのか。

学生時代、初の外国旅行にイタリアを選んだ彼女は、一週間のフィレンツェ滞在で街の空気や人びと、そして未知の言葉の音に親しみを抱いた。一目ぼれしたイタリアの熾火《おきび》が20年後に再燃したとも言える。ここまでなら、よくある趣味のイタリア狂いだろう。

〈わたしのイタリア語との関係は亡命の地、別離の状態で進行する〉。彼女は家での母国語、外での英語という言語生活の傍らイタリア語の学習を始める。〈アメリカでベンガル語で詩を書くわたしの母のことを思う。移住して50年近くたっても、母は自分の言語で書かれた本を一冊もみつけることができない〉。ベンガル語とアメリカには隔たりがあった。

ベンガル語を完全には知らない娘は、〈自分とベンガル語の間にずれを感じる〉。それは愛憎に裂かれる親への反抗とも重なる。彼女にとってベンガル語は〈母親〉、英語は〈継母〉だという。英語教育を受け英語で小説を書く有名作家になっても、英語は自分と両親との断絶の象徴ではなかったかと述懐する。

その緊張と苦悩から逃れるために選んだ三番目の国がイタリアだった。旅で受けた親和力と古典への憧れのせいもある。何より、習得に励んだイタリア語は、優しい〈育ての母〉になってくれるのか。その過程と結実が切実な願いの文となっていて打たれた。次の作品が待たれる。中嶋浩郎訳。

西日本・読書館 2015.11.15

封印した過去への巡礼

『迷子たちの街』パトリック・モディアノ

作品社

いま、フランス小説など持ちだせば、黄昏のブランドと冷笑されそうな気もする。だけど明治・大正以来、「フランスかぶれ」の系譜につながる翻訳文学なくして日本の比較文化の成熟（？）はなかっただろう。

モディアノが昨年ノーベル文学賞を受けたのを機に、「行かずフランス」の一読者も、記憶の芸術家と呼ばれる彼が彷徨う旧著書の中に迷い込む。

〈奇妙なものだ。フランス語で話しているのを聞くのは。飛行機を降りる時、ちょっと胸が詰まった〉。税関前の列でつくづく見たパスポートは、フランス共和国の名の下、〈14の僕に発給されたものだ。

〈僕〉は英国のミステリ作家アンブローズ・ギーズ、39歳。出版契約のために訪れたパリでは、昔の〈僕〉ジャン・デケールとは誰も判らないだろう。ホテルのベッドに寝そべり、〈僕は少しずつ脱ぎ捨てていった。この厚い殻、イギリス人作家。その下に僕は身を隠し、以来20年だった。動かない。時を渡る降下の完了を待つ。まるでパラシュートで飛び出したように。再上陸するのはかつてのパリ。廃墟を訪ね、そこに自分の跡を発見しようと企て〉、過去への巡礼が始まる。

死んだような7月の街。亡霊が何事かを囁《ささや》いては消える。当時と同じ場所、あの坂の通りで。ジャンは訪ねあてた旧知や、今は幻の仲間たちを相手に時間の層を潜り往復しながら追憶の街巡りを続ける。生まれ育った土地の懐かしさ、寂しさ、そして空虚感。20年の空白は思いがけない拒絶と邂逅をもたらす。自ら封印した過去はジャン独りの時間ではなかった。

〈僕〉が人生の初めに出遭った祝祭の、甘く辛い日々。〈いつまでも印象深いのは20歳の頃に知り合った人たちよ〉と、宿命の女神は言った。彼女は今の〈僕〉の歳だった。人びとの関係や起きた事件より、その語り口が意味深い。迷子たちの街はパリの他にもあるだろう。消された過去の影を著者が甦らせるまで、あと数年を要した。平中悠一訳。

西日本・読書館 2015.12.27

毒あるユーモアと意外性　『けだものと超けだもの』サキ

白水社

所収の36篇からざっとタイトルだけを挙げてみよう。「女人狼」「大豚と私」「復讐《ネメシス》記念日」「慈善志願者と満足した猫」。これらは代表作ではないが、著者のヘソの付き具合が知れようというもの。すでに古典に近い西欧短編の名手たちの中で異色の人気作家がサキとO・ヘンリーだろうが、米国小市民の哀歓を描き、懐かしい教訓に充ちたO・ヘンリーほどにサキは好まれていないようだ。

筆名からして妙なサキは、英国風の毒あるユーモアや虚言癖のせいでひどい目に遇う登場人物と同じに、読者までも担いだり置き去りにしたままで、教訓などどこ吹く風だ。ただ、サキの本が別編集で幾度も出るのは、130編超の全貌を一度に網羅できないせいと、時代を経ても作品が古びないからだろう。

つまりは時代環境が変わっても、人の心理や本質は同じということか。気どった上層の紳士淑女の滑稽で愚かしい日々が、サキの乾いた冷笑とともに浮かびあがる。まだ前世代の堅苦しい因習が残る作中の人と、現在に生きざるをえない自分の心が裸にされるよう。

ヒトもケダモノも動物である。登場する、おかしくて厄介な牛や馬や鳥たちに振り回される人を見ると、日々が次第にシュールな様相を帯びて、けだものと超けだものの区別が消え失せ、ふしぎな気になる。

以前に別訳で読んだ「開けっぱなしの窓」、「ビザンチン風オムレツ」「納戸部屋」などに再会した。それぞれの味は定番らしく、罪なき虚言の意外性、社会意識と個人との皮肉なズレ、子どもの興味の痛快さなどが人気の素。

初めて読んだ中で、「『はい、ペンを置いて』」の、義務的礼状を巡る夫婦の会話にわが怠惰から共感を覚えて笑う。「お話上手」では、いた、いた、こんな退屈な話下手のオバさん、と懐かしくさえなった。

サキに教訓はない。ただ読めばよく、忘れていい、いつかまた読みたくなる。付け合わせはE・ゴーリーのトボけた挿絵！　和爾桃子訳。

西日本・読書館 2016.3.6

日常とずれる旅先の心理　『異国の出来事』ウィリアム・トレヴァー

国書刊行会

著者はアイルランドが生んだ長寿の現役作家である。名訳者たちに恵まれての刊行開始となった選集の一冊だが、優れた短編文学の醍醐味にあふれている。

外国旅行がそう珍しくない今日でも、異国といえば日常とは離れた浮遊感覚が漂う。ここに語られる12の旅先での話は、人生の一場面に控えめな照明を当て、人間の言動と心理の明暗を細やかに映しだす。

読者は本の中の町々で、行きずりの男女、親子、夫婦、旧友など、年齢も関係もまちまちな人びとと知りあったり、すれ違ったりしながら、普段は気づかない人間性の思いがけない露出に立ちあって、自身の来し方や今あることを甘くも苦くも思い直すにちがいない。

イラン観光の冴えないツアーで知りあった、フランス女性と初老のドイツ男性の見栄で取り繕った「エスファハーンにて」の侘しさはO・ヘンリーの短編に通じる。少年と母親が毎年過ごす海浜ホテルでいつしか惹かれあう母と紳士との密会や、常連客の母娘とのやりとりや境遇が少年の目で回顧される「サン・ピエトロの煙の木」の、苦くも美しい日々が輝いて浮かぶ。

「版画家」では、39歳の独身版画家が少女期に寄宿先のムッシューから受けた遠慮がちで尊い愛情に気づく。〈愛とは謎で、どこからともなくやってくる、訳も理由もないものだ〉。彼女は親や男たちを失望させては、秘密の思い人への感謝とともに生きてきた。そうして、〈彼もまた彼なりに感謝しているのだ〉。

子ども時代に熱い友情に結ばれた同士が、些細な出来事や隠し事のせいで疎遠になり、何年も経って偶然再会する。〈大昔の友情にわしづかみにされる〉ものの、それぞれの現在はすれ違ったまま。ハードボイルド風の「ふたりの秘密」や、無言の悔恨が行き交う「娘ふたり」に胸が痛む。

また、変わった夫婦愛の意外性、父と娘の気づまりな旅など、人間洞察による諦念と赦しの温かみを伴う本書は、西欧の紀行文学としても楽しめる。栩木伸明訳。

西日本・読書館 2016.6.5

あとがき

わたしはただの本好き。蔵書家でも、人文研究者でも、ジャーナリストでも、ましてや作家でもない。長いあいだ、本は未知の友だち、遠い国から訪れる心の兄弟姉妹、そして慕わしい教師でもあった。反発も含めて。

初めはなじみ難い友も、すぐに気が合う友も、かけがえのない宝となる友もいるように、本と友だちは何と似通っていることか。邂逅、信頼、再会。あるいは期待外れ、裏切り、おまけに見栄という背伸びまである。

20代前後、人生の教養課程ともいわれる読書については、昔の読書ノートらしきものが出てくることがある。当時のじぶんが思いだされ、その若書きならぬ若読みは気恥ずかしく、置き去りにしたままの分身から目を逸らしたくなる。けれども、本書は他人に読まれることを前提とした、本を巡る文やコラムからなる。ほとんどが新刊本を対象とした新聞掲載分で、ほぼ45年余にわたる切り抜きから選んだ。芸のない書評以前の感想・紹介、誤読に近い思い入れと偏向的な選択、未熟さも時の流れや空気もそのまま瓶に詰めたつもりだ。

その時々のことばと表記にはばらつきがあるが、あえてそのままにした。半世紀近くの間には、新聞の表記や用語も変わった。本書は無目的な一人読書という贅沢な時間の副産物である。


ところで、本は誰のものだろうか。まずは著者のもの。そして出版社・編集者、さらに装丁など印刷造本に関わる専門家たち。それから読者の手に渡る。本は読まれて、本になる。見方を変えれば、本は読者のものだ。それも自前で選びとった人のもの。読者のヨミは著者をも超えて、予想外の所にまで旅をする。

イタリア映画「イル・ポスティーノ」で、地中海の島に亡命中の詩人P・ネルーダ専属の郵便配達員になった朴訥な青年の話が好きだ。大詩人の作から恋文やアジビラに勝手な解釈で盗用したことをネルーダが咎めると、彼はけろりとして、作品は読んだ人のものだとうそぶく。やがて二人は心が通じあう。

ともかく、これは本というアナザーワールドに潜り込んだ、もう一人のわたしの気ままな旅行記である。長い間お付きあいくださった幾人もの本友に、謝して捧げたい。

また、初出稿を掲載してくださった地元新聞社の皆さま、お世話になった方がたのお顔を浮かべ、あらためて感謝の意を表します。
刊行に至るまでには、書肆侃侃房の田島安江さんとスタッフご一同、そして装幀家の毛利一枝さんにはひとかたならぬお世話になりました。

樋口伸子

2017年　新春

※引用文中、差別・規制用語については原文のままとした

■著者プロフィール

樋口 伸子（ひぐち・のぶこ）

1942年、熊本県人吉市生まれ。福岡県福岡市在住。

西南学院大学中退後、早稲田大学第二文学部卒業。

詩集に『夢の肖像』『図書館日誌』『あかるい天気予報』（第9回日本詩人クラブ新人賞・福岡市文学賞）『ノヴァ・スコテイァ』など。

2011年福岡市文化賞。

2003〜2012年、読売新聞西部版で詩・時評を担当。

西日本新聞ほかに書評、エッセイ、コラムを執筆。

本の瓶詰

2017年3月3日　第1刷発行

著　　者　樋口 伸子
発行者　田島 安江
発行所　書肆侃侃房（しょしかんかんぼう）
〒810-0041
福岡市中央区大名2-8-18-501（システムクリエート内）
TEL 092-735-2802　FAX 092-735-2792
http://www.kankanbou.com
info@kankanbou.com

DTP　黒木 留実（書肆侃侃房）
印刷・製本　大同印刷株式会社

ISBN978-4-86385-252-5 C0095